SAINT-VALERY-EN-CAUX

LE COUVENT DES PÉNITENTS
LE CLUB DES JACOBINS

PAR

AUGUSTIN BERNARD

LICENCIÉ ÈS-LETTRES.

MOULINS

IMPRIMERIE ÉTIENNE AUCLAIRE

SUCCESSEUR DE C. DESROSIERS

1885

St-VALERY-EN-CAUX

LE COUVENT DES PÉNITENTS
LE CLUB DES JACOBINS

PAR

AUGUSTIN BERNARD

LICENCIÉ ÈS-LETTRES.

MOULINS

IMPRIMERIE C. DESROSIERS,

Etienne AUCLAIRE, Successeur

1884

A MON CHER ONCLE

Gustave BERNARD

Secrétaire-Archiviste
de la Société d'Émulation de l'Allier.

————————

« *C'est par l'histoire locale et seulement par l'histoire locale, nous disait notre maître M. Lavisse, qu'on peut arriver à bien connaître l'histoire de France.* » — *Nous ne nous dissimulons pas que la monographie d'un couvent obscur, d'un club plus obscur encore, importe peu à l'histoire générale. Néanmoins, le seul mérite de cet opuscule est dans sa banalité même; chacun peut y reconnaître un fragment de l'histoire de sa propre province.* — *Les différences locales bien atténuées déjà dans la France centralisée de Louis XIV, sont presque nulles à l'époque révolutionnaire. Dès lors, la France, comme l'a dit E. Reclus, est un organisme vivant, et l'on peut, comme Cuvier, reconstituer l'animal entier, en connaissant bien un détail de sa structure.*

En dédiant ce petit travail à un érudit bourbonnais, je ne crois pas lui déplaire, et j'ose espérer presque qu'il s'y intéressera, en y retrouvant quelque analogie avec les études qui lui sont familières. Au reste, les circonstances seules m'ont invité à m'occuper de la Normandie ; je demeure Bourbonnais de cœur, et souhaite apporter un jour mon humble pierre à l'histoire du Bourbonnais, dont la Société d'Émulation de l'Allier prépare les matériaux avec tant d'intelligence et de savoir.

Moulins, Novembre 1884.

NOTA. — Les documents qui m'ont facilité le présent travail m'ont été fournis par M. le docteur Leloutre, médecin en chef de l'hôpital de Saint-Valery-en-Caux. Je tiens en le constatant à lui exprimer ma reconnaissance.

LE

COUVENT DES PÉNITENTS

Au Nord-Ouest de Saint-Valery, sur une colline qui domine la ville et le port, s'élève un vaste édifice en grès, d'un aspect morne et lourd, qui a été successivement, depuis deux siècles et demi, un couvent, un club populaire, une caserne, enfin un hospice. Après les prières des moines, les murs du vieux cloître ont entendu les déclamations des révolutionnaires et les refrains des soldats. — Depuis 1870, le monastère est redevenu une maison de paix et de charité. C'est là que sont recueillis et soignés les vieillards, les malades, les marins qui, après avoir longtemps erré « au péril de la mer, » ont besoin de calme et de repos pour leurs vieux jours.

Les religieux avaient bien choisi l'emplacement de la demeure où ils devaient vivre et mourir. En se promenant dans leur cloître, en se réveillant dans leurs cellules, ils voyaient devant eux la mer immense, cette image de la puissance divine et de l'infini.

D'un côté, le joli et riant vallon de Saint-Léger; de l'autre, l'Océan, sévère et triste, tantôt tranquille et paisible, quand brille le pâle soleil de notre Normandie; plus souvent, terrible et déchaîné, quand le vent du nord souffle en tempête et brise contre les falaises, les flots qui écument de rage.

Il fallait que le site fût bien admirable, pour qu'il frappât l'imagination du R. P. Marie de Vernon, historien du Tiers-Ordre, peu porté sans doute, comme ses contemporains du XVIIe siècle, à admirer la nature en elle-même.

En 1667, visitant la chapelle et le couvent de Saint-Valery, il fut charmé de sa situation, « qui, dit-il, est d'elle-même assez dévote. — C'est une éminence médiocrement élevée au-dessus de la ville, d'où on découvre la mer qui est au pied, et les rochers, nommés en ce païs-là falaises, qui bordent ce vaste élément jusqu'à Saint-Valery-sur-Somme. c'est-à-dire jusqu'à quinze ou vingt lieues (1). »

« Le site du monastère, ajoute éloquemment l'abbé Cochet, invitait au recueillement et à la méditation ; rien, en effet, ne porte plus à la contemplation des choses de Dieu que la mer et ses rochers, le ciel et ses tempêtes, l'horizon et son immensité. (2) »

Ce n'est point sans une certaine émotion que nous regardons ces vieilles murailles grises, qui ont conservé le nom de maison des Pénitents. — Le temps, qui a fait disparaître les religieux, n'a guère marqué son empreinte sur leur demeure, bâtie pour l'éternité, « *monumentum ære perennius.* »

L'ensemble de l'édifice forme un carré parfait. La

(1) *Histoire générale et particulière du tiers-ordre de Saint François,* par le R. P. Jean-Marie DE VERNON, religieux pénitent du Tiers-Ordre de Saint-François. — Tome III, passim.

(2) L'abbé COCHET, les *Églises de l'arrondissement d'Yvetot.*

chapelle en occupe un des côtés ; elle était placée sous le vocable de Notre-Dame de Bon-Secours. Une des chapelles latérales était dédiée à la Vierge, et renfermait sa statue faite avec du bois miraculeux de Notre-Dame de Boulogne , trésor vénéré donné à l'ordre par la marquise d'Aumont, veuve du gouverneur de Boulogne, et au couvent de Saint-Valery, par le P. Oronce de Honfleur, en 1639.

Une autre chapelle était dédiée à saint Adrien ; et c'était justice, puisqu'il était le patron des sires de Bréauté, seigneurs du pays et bienfaiteurs des religieux. — Leur écusson brillait sur les vitraux, témoignage de leur libéralité. — Mais, comme l'expose le P. de Vernon, ce n'est point par une générosité exceptionnelle, mais peu à peu, à l'aide de diverses aumônes, que la chapelle s'embellit ; d'autres grands seigneurs, MM. Janville de la Heuze, d'Anglesqueville, tenaient à honneur d'avoir leurs armoiries dans la chapelle.

Dès cette époque, M. de Ricarville, gentilhomme très renommé, reposait dans la chapelle Saint-Adrien ; le P. Casimir, définiteur de la province de Saint-Yves, était son fils selon la chair. — Une dame Guéroult, qui avait été professe du tiers-ordre séculier, était aussi inhumée dans la chapelle de la Vierge, avec son mari et son fils (1).

La voûte était entièrement revêtue de lambris de bois ; le chœur était fermé par d'élégantes boiseries à colonnes torses, de style Louis XIII, d'une réelle

---

(1) P. Marie DE VERNON. — *Op. cit.*

valeur artistique; la Révolution les respecta, mais le second Empire en priva Saint-Valery, et les fit transporter dans un musée en 1860. — Quelques-uns des tableaux des Pénitents existent encore; on en a placé un dans l'église paroissiale de Saint-Valery, et trois autres dans la chapelle de Bon-Port. L'un d'eux représente un épisode de la vie de saint François; les Pénitents, dont l'humble artiste a peut-être, selon l'usage du temps, reproduit les traits et la physionomie, contemplent leur saint fondateur qui reçoit l'enfant Jésus des mains de la Vierge. — Quant aux ornements et aux objets du culte, ils étaient sans doute fort riches. Mme la marquise de Bréauté, fille du comte de Fiesque, avait fait présent d'une magnifique garniture d'autel et d'une belle chasuble. Le couvent possédait notamment un remarquable encensoir d'or, et une croix argentée d'un très-beau travail (1).

En face de la chapelle se trouve le cloître, assez bien conservé. — Tous les moines défunts étaient, selon la coutume, ensevelis sous les pieds de leurs frères.— Lorsqu'on se promène sous les arceaux pleins d'ombre, on distingue sur le mur des têtes de mort, qui indiquent que là est la tombe d'un Pénitent. — Parmi tant de sépultures, on peut encore lire deux noms : V. P. Candidus Nicole, *obiit die 20 Decembris 1667. — Requiescat in pace.* — V. P. *Juvenalis, visitator ordinarius, obiit die Martis, 1787.* — « Ces inscriptions, dit l'abbé Cochet, sont simples comme celles des martyrs des catacombes. »

Rien de touchant comme cette simplicité ; peu

(1) Registres du Conseil général de Saint-Valery.— 9 novembre 1792.

importe aux moines que le monde sache leurs noms, pourvu que Celui en qui ils ont mis leur espoir, s'en souvienne. — Leurs tombes elles-mêmes conservent ce caractère d'humilité, ou plutôt d'impersonnalité, qui semble empreint dans tout ce qui se rattache à eux.

C'est au mois de décembre 1620, que les Pénitents, religieux du Tiers-Ordre de saint François, vinrent s'établir à Saint-Valery. C'était alors un bourg de trois mille habitants, qui appartenait presque en entier à la puissante et célèbre abbaye de Fécamp. Les deux tiers de Saint-Valery, les maisons et édifices construits dans le quartier du port et dans le voisinage de la chapelle Saint-Léger étaient sa propriété (1).

Comment les Pénitents sont-ils venus s'établir dans une ville déjà sous la puissance des Bénédictins de Fécamp? Comment l'ordre mendiant et prêcheur de saint François d'Assise s'est-il implanté sur le domaine des riches fils de saint Benoît?—Depuis de longues années, les Franciscains venaient, avec la permission de l'abbé de Fécamp, prêcher la parole de Dieu à Saint-Valery, et, dès 1558, les Valericais avaient pu voir leur robe de bure. Ils faisaient aussi la quête du poisson à Veules et à Saint-Léger; ils s'étaient attiré le respect et l'amour des populations maritimes, qui faisaient la part de Dieu et de ses serviteurs les bons moines, à l'époque de la pêche du hareng sur les côtes.

En 1617, à la prière des Veulais et d'Adrien Lepicard, lieutenant en l'amirauté de Saint-Valery et de

______

(1) *Domos et œdificia prope habebat versus Sanctum-Leodagairum* (Cartulaire de l'officialité de Fécamp.)

Veules, ils s'étaient établis dans le très modeste asile de la chapelle de Saint-Vandrille de Veules, qu'ils convertirent d'abord en un hospice destiné à recevoir leurs frères malades ou convalescents. Mais grâce à la ferveur conventuelle de ce siècle et à de nombreuses donations, ils purent bientôt y fonder un véritable couvent.

Lorsque Saint-Valery vit sa rivale pourvue d'un couvent de Franciscains, elle ne tarda pas à en devenir jalouse et réclama l'introduction des Pénitents dans ses murs. Le premier qui se fit l'interprète de ce vœu fut le capitaine et gouverneur de Saint-Valery, messire Adrien de Bréauté, oncle du seigneur de la ville, qui, le 10 novembre 1620, signa une adresse dans ce sens, ainsi que Françoise de Roncherolles, sa femme, et noble homme Jean-Baptiste de Joves, son lieutenant.

Quelques jours après, le 19 novembre 1620, d'un commun accord, clergé, noblesse et bourgeoisie supplient les moines de venir s'établir dans le bourg de Saint-Valery. Ceux-ci naturellement s'empressèrent d'obtempérer à ces pieux désirs et d'accourir à cet appel. Le P. Marie de Vernon raconte le fait en ces termes :

« Les bénédictions que Dieu a répandues sur nostre couvent de Veulles ont été si abondantes que Saint-Valery, qui en est voisine d'une grande lieue, les a ressenties. L'édification que nos pères donnaient là passa jusques icy, et les habitants de Saint-Valery voulurent participer aux grâces qui estaient communiquées par notre moyen à ceux de Veulles. »

En décembre 1620, les premiers pères qui habitaient Saint-Valery étaient surtout venus à la prière du curé, qui, en attendant que leur établissement définitif fût autorisé, les installa dans la chapelle de Notre-Dame de Bon-Port. Une dame Du Pré, tertiaire de l'ordre, quitta sa maison, située vis-à-vis la chapelle, pour y loger les Pères, au nombre de cinq, pendant l'espace de deux ans, et malgré la modicité de ses ressources, elle pourvut à leur nourriture et à leur entretien.

Mais pour séjourner à Saint-Valery, il fallut d'abord l'autorisation de l'archevêque de Rouen, qui seul pouvait permettre aux religieux d'administrer les sacrements et de suivre leur règle dans la chapelle de Bon-Port. Le curé intervint auprès de lui, et Mgr François de Harlay permit le 12 octobre 1621, au Père Vincent de Paris, d'établir les Franciscains à Saint-Valery. « L'illustrissime archevêque, dit encore le Père de Vernon, nous a toujours singulièrement aimez et nous honora encore dans cette conjoncture, des marques de son affection. »

Ce n'est pas tout. Il fallait aussi l'autorisation des seigneurs abbés de Fécamp. Car depuis l'an de grâce 1237, Saint-Valery avait été concédé par Robert de Néville aux moines de Fécamp, qui possédaient tous les ports et hâvres de la côte, depuis Veules jusqu'à Etretat, et qui, à la fois religieux et seigneurs, unissaient en leur personne une double suzeraineté, et nommaient les sergents de la vicomté de mer aussi bien que les curés (1).

Dans le but de satisfaire aux vœux de toute la popu-

(1) Cartul. de l'officialité de Fécamp.

lation, la noblesse du pays de Caux se réunit à l'effet d'adresser une supplique à l'abbé de Fécamp et à ses religieux. Cette demande, très habilement rédigée, exposait l'utilité du nouveau couvent des Franciscains et tendait à prouver que son établissement aurait pour conséquence d'assurer au lieu de l'affaiblir, l'influence des Bénédictins, la noblesse du pays étant d'ailleurs assez riche pour soutenir les ordres religieux établis sur son territoire (1).

Malgré leur désir d'être agréables à la noblesse et à leurs frères les Pénitents du tiers-ordre, les Bénédictins ne mirent nul empressement à répondre et à accorder le droit de cité à leurs émules. Ils exigèrent d'abord que la noblesse, puisqu'elle se disait assez riche pour les soutenir, les dotât suffisamment, afin de ne pas être exposés à les voir tomber un jour à leur charge.

Cette dotation ne se fit point attendre. Les sires de Néville, qui s'étaient, dès le premier jour, déclarés les fondateurs et les protecteurs des religieux, leur abandonnèrent des terres.

Messire Adrien de Bréauté, seigneur de Néville et de Cailleville, fit le 28 août 1621, donation de la chapelle de Saint-Georges de Clémencé aux religieux du tiers-ordre de Saint-François, « avec tous les bastimens, édiffices, terres, prés, appartenances et dépendances d'icelle, fondée et bastie dans le district de la paroisse et seigneurie de Cailleville, diocèse de Rouen, proche Saint-Valery, à la charge

______

(1) Voy. le texte de cette requête aux pièces justificatives.

de faire et acquitter le service divin deu par le chapellain de la dite chapelle et de faire prière pour les dits sire et dame de Bréauté et leurs enfants et successeurs comme fondateurs du dit futur couvent. »

Le 14 juillet 1623, Adrien-Pierre, sire de Bréauté, et dame Suzanne de Monceaux, sa femme, firent également don à ces mêmes religieux, dans les mains du frère Félix de Champaigne, supérieur de l'ordre, « d'une pièce de terre et masure contenant acre et demie environ, située au dit bourg de Saint-Valery; ils ratifièrent la donation de la chapelle Clémencé (1).»

D'après un plan géométrique de la châtellenie, terre et seigneurie de Néville, les Pénitents possédaient sur la commune de Néville, dans la partie qui touche celle de Cailleville, quatre pièces de terre contenant ensemble 20 acres 2 vergées. Il faut y ajouter les biens qui avoisinaient le couvent à Saint-Valéry, un petit fief à Saint-Riquier, et le terrain de 4 acres 2 vergées qui entourait la chapelle de Clémencé (2).

Les ruines de la chapelle de Clémencé subsistaient encore il y a quelques années dans le vallon de Manneville, au milieu d'un joli bouquet d'arbres. Ces derniers restes d'une célèbre maladrerie du Moyen-Age se cachaient mélancoliquement sous le feuillage. C'étaient les châtelains de Néville qui avaient fondé

(1) Plan de la châtellenie, terre et seigneurie de Néville, qui est un plein fief de haubert appartenant à Messire Claude Michel Benoist le Camus, chevalier, seigneur du dit lieu de Néville, de Port-Navarre et autres lieux. Fait et dressé l'an 1772.

(2) D'après le plan de Néville, la 1re pièce de terre avait 3 acres 2 verg. La 2e, 4 acres 2 verg. La 3e, 6 acres, 2 verg. La 4e, 6 acres 1 verg. Voy aussi les Registres de la Régie de Saint-Valery, 1793.

l'hospice et l'oratoire, placé sous la protection de saint Georges et de sainte Madeleine. Une demoiselle de Bréauté était, dit-on, enterrée dans la chapelle; une légende se rattache à cette sainte femme : l'histoire n'est point neuve, mais le touchant miracle des roses plaisait sans doute à l'imagination de nos pères. Un jour donc que, comme sainte Elisabeth de Hongrie, la noble châtelaine quittait son manoir pour aller par le vent et la pluie, consoler et secourir les pauvres lépreux, son père la rencontra, et lui demanda avec colère ce qu'elle portait ainsi dans son tablier. La pieuse infirmière l'ouvrit, et le baron émerveillé n'y trouva que des fleurs.

Après les donations des seigneurs, l'abbé de Fécamp archevêque duc de Guise se décida, le 1er mai 1623, à permettre l'établissement des Pénitents dans le faubourg de Saint-Valéry ou en tout autre endroit, à la charge qu'ils auraient rentes et revenus suffisants pour la nourriture et l'entretien de leurs religieux.

Les Pénitents choisirent pour y bâtir leur couvent une colline qui domine la ville et qui appartenait alors à l'abbaye de Fécamp, ainsi que la côte Bocquet, sur laquelle était bâtie la chapelle Saint-Léger. Une pieuse légende se rattache à l'origine de ce cloître, qui commença à s'élever dès 1623. « Un vieux prestre anglais (1), nommé maître Guillaume Languedon, avait prédit notre établissement longtemps devant que nous fussions en l'un ni en l'autre de ces deux bourgs, de Veules et de Saint-Valery.

______

(1) P. Marie DE VERNON, op. cit.

« Il vivait pour l'ordinaire d'aumônes, une pierre était son chevet, et il pratiquait des austérités extraordinaires. Il allait souvent dire les heures du bréviaire dans une grange qui, étant abandonnée par son possesseur légitime, servait de retraite à des libertins, qui y commettaient d'extrêmes désordres. Sortez, leur disait-il avec zèle, quand il les y rencontrait ; ce lieu sera un jour une maison de sainteté où Dieu recevra des sacrifices de louanges pour la réparation de vos offenses. Et l'historien cite à l'appui l'attestation par laquelle les habitants de Saint-Valery certifient avoir entendu la prédiction du prêtre. Cette pièce, datée du 15 mars 1660, est signée par les plus anciens et notables bourgeois du pays : Mathieu Bertrand, Jean Pelé, Pierre Anquetil, Jacques Cavelier, Jean Raud.

Pendant 25 ou 26 ans, les religieux du tiers-ordre vécurent en très bonne intelligence avec les bourgeois de Saint-Valery. Il y avait un grand nombre de tertiaires de l'un ou l'autre sexe, et de toutes conditions. Les femmes surtout se firent remarquer par leur zèle. Plusieurs gentilshommes s'enrôlèrent avec leurs femmes dans l'ordre, et y attirèrent par leur exemple une foule de bourgeois. A la tête de la noblesse brillait Mme de Roncherolles, mère du marquis de Bréauté, maître de camp du régiment de Picardie, qui fut tué au siège d'Arras. Elle avait fait sa profession dans le couvent de Veules, entre les mains du P. Oronce, provincial de l'Ordre. Elle mourut à Saint-Valery, le 19 mars 1644, en odeur de sainteté. La plus ancienne des tertiaires était Marguerite Du Pré, celle-là même qui avait logé les Pères dans sa maison ; elle avait reçu l'habit à Veules et fit sa profession à Saint-Valery.

Il y a donc lieu de s'étonner que les historiens de Saint-Valery, MM. Guilmeth et Cochet, aient affirmé que les habitants de la ville protestèrent avec force contre l'établissement des religieux. Il eût été intéressant de trouver nos aïeux animés de cet esprit de rivalité et d'antagonisme contre la noblesse et le clergé, et de rencontrer ainsi une preuve locale de la lutte du Tiers-Etat contre les privilèges des autres ordres. Mais l'examen attentif de l'arrêt du Parlement de Normandie du 10 août 1647, des lettres patentes royales du 16 juillet 1647, et d'un arrêt du conseil du roi du 6 août 1700, prouve que la question s'est présentée autrement.

Ce fut à l'occasion d'un lépreux nommé Robert Le Fèvre que l'accord se rompit entre les Franciscains et les bourgeois. La lèpre était fréquente à Saint-Valery au XVIIe siècle ; en une seule année, on y compte cinq lépreux, trois filles et deux garçons. Cette terrible maladie, qui n'est autre que l'éléphantiasis tuberculeuse des Grecs, fit d'épouvantables ravages en Europe d'où elle ne disparut qu'au commencement du XVIIIe siècle. Elle était caractérisée par des tubercules plus ou moins larges, saillants, irréguliers, précédés de taches rouges ou bronzées. La face, qui était la partie le plus souvent affectée, était couverte de ces tumeurs noueuses, séparées par des rides profondes, et présentait une hideuse déformation, qui l'avait fait comparer, pour le volume et la coloration, à celle de l'éléphant (1).

____

(1) Il nous a paru intéressant de rappeler ces détails peu connus. Voyez à cet effet le dictionnaire de Littré.

Le conseil de la ville, s'étant réuni, décida, sur l'attestation des médecins (1), qu'il y avait lieu de séquestrer le lépreux et de le placer dans une maisonnette
que la ville avait fait construire sur le terrain de la
chapelle de Clémencé. Il fit ensuite une adresse aux
autorités ecclésiastiques, afin qu'il fût immédiatement
transporté dans la léproserie de Clémencé. Le grand
vicaire de l'abbaye de Fécamp s'empressa d'obtempérer aux désirs des notables de Saint-Valery, et
ordonna, le 16 décembre 1646, au gardien et aux religieux de Saint-Valery d'administrer à ce lépreux tous
les soins que réclamait son état.

Les Pénitents qui, par des contrats successifs
de 1621, 1623 et 1628, faits en leur faveur par les seigneurs de Bréauté, possédaient depuis longtemps déjà
en toute propriété le territoire et les dépendances de
la chapelle de Clémencé, s'opposèrent énergiquement
à conserver si près d'eux l'infortuné lépreux. Ils récla-
mèrent en outre à la ville les frais de sa nourriture et de
son entretien.

Les notables de la ville soutinrent que le domaine
de Clémencé étant une ancienne ladrerie ou léproserie, les religieux ne pouvaient se débarrasser d'une
charge qui affectait ce domaine, aussi bien dans leurs
mains que dans celles des sires de Bréauté.

L'accord ne put s'établir entre les parties, et le
litige fut porté devant le bailli de Caux ou son lieutenant au siège de Cany le 13ᵉ jour de may 1647. Celui-ci

(1) Certificat médical délivré par MM. Robert Baratin, médecin,
Pierre Fauconnier et Pierre Rogier, chirurgiens, en date du 14 décembre 1646.

débouta les habitants du bourg de Saint-Valery de toutes leurs prétentions. Il les condamna à payer la nourriture du lépreux, « et à le faire séquestrer en autre lieu qu'en la maison de ladite chapelle, en sorte qu'il ne pût infecter le public, mais il permit auxdits habitants de faire louer le bastiment qu'ils avaient fait construire sur le fonds de ladite chapelle. »

Tandis que les bourgeois en appelaient devant le Parlement de Normandie, les religieux, qui n'avaient point obtenu de lettres patentes royales et pouvaient être inquiétés sur l'établissement de leur couvent et la possession de Clémencé, se rendirent en toute hâte auprès de la reine Anne d'Autriche, qui se trouvait à Amiens avec son fils Louis XIV. Anne d'Autriche leur octroya immédiatement des lettres patentes en juillet de l'an de grâce 1647 et du règne de Louis XIV le cinquième. Ces lettres comportent tous les détails de l'établissement des religieux : « Nos chers et bien-aimés orateurs les supérieurs et religieux pénitents du Tiers-Ordre de Saint-François » (c'est ainsi qu'ils sont désignés dans ces lettres), nous paraissent les avoir écrites de leur propre main et soumises à la signature de la reine-mère (1).

Le couvent de Saint-Valery fut déclaré exempt de tous impôts et tailles à condition que les religieux célébreraient chaque année, à perpétuité, un office et une messe haute des morts pour le feu roi Louis XIII, de triomphante mémoire, le 14 mai, jour de son trépas, et chanteraient l'*Exaudiat* aux fêtes de saint Louis et de sainte Anne, pour le Roi, la Reine et leurs succes-

(1) Voyez ces Lettres patentes aux Pièces justificatives.

seurs. Louis XIV lui-même se déclarait protecteur du monastère. En présence de ces lettres royales, le lieutenant de Normandie ne pouvait plus déposséder les religieux de leur couvent. Mais la question soulevée par les bourgeois, relativement aux charges qui incombaient au domaine de Clémencé, n'était pas tranchée.

Les Religieux ont dû faire valoir que la chapelle leur avait été concédée par les Bréauté sans autre charge que de célébrer à perpétuité des services religieux pour leurs bienfaiteurs ; que leurs actes de donation n'avaient aucunement fait mention qu'ils seraient contraints de recevoir et d'entretenir les lépreux de la ville de Saint-Valery.

Le Parlement s'est entouré de toutes les pièces qui pouvaient le renseigner sur les pratiques antérieures à la donation. Il examina notamment trois missives écrites de Fontainebleau, du 8 juillet 1647, et adressées à l'abbé Tounières, prêtre, et une attestation de Thomas Ridel, de Reutteville, en date du 18 janvier 1647. Ces témoignages établissent que ledit Ridel avait reçu de feu Lailler, sieur de Bucquet, administrateur, en 1616, de la chapelle de Clémencé, une somme annuelle de quatre-vingt-quatre livres, somme qu'il avait versée à Jean Daussy, pour lors infecté de lèpre. Jacques Lailler avait obtenu des provisions de Messire Adrien, sire de Bréauté, sieur de Cailleville, par acte du 16 octobre 1616, attendu qu'il avait été présenté à sa fonction d'administrateur par dame Suzanne de Montchidames, douairière de la maison de Bréauté. Il abdiqua ses droits sur la chapelle en faveur des Pénitents, imité en cela par le sieur de

Lymercourt, à qui la provision devait échoir lors du décès du sieur de Bucquet. C'est grâce à cette double générosité que les Pénitents purent percevoir immédiatement les revenus.

Le parlement semble avoir cru que, si les seigneurs de Néville avaient entretenu les lépreux de Saint-Valery, rien ne les y obligeait, et qu'en le faisant ils avaient agi par pure bonté ; que par suite, les Pénitents substitués aux donateurs, ne pouvaient y être contraints.

En conséquence, conformément à la sentence du bailli de Caux, le Parlement débouta les habitants du bourg de Saint-Valery de toutes leurs prétentions, enregistra les lettres royales malgré eux, et les condamna aux frais et dépens du procès. Il leur permit toutefois de louer la maison qu'ils avaient fait élever sur le terrain de la chapelle de Clémencé, mais en les mettant en demeure d'enlever le lépreux dans le plus bref délai (1).

Il nous paraît donc établi qu'en cette circonstance l'intérêt seul a guidé les bourgeois de Saint-Valery, et non point comme on l'a prétendu, un esprit d'hostilité contre la noblesse et le clergé.

Après ce conflit, la paix et l'union se rétablirent promptement. Le testament de maître Nicolas Vasse, conseiller du roy et maire perpétuel de Saint-Valery-en-Caux, en est une nouvelle preuve. Il appartenait à une de ces vieilles familles de bourgeois dont Saint-Valery était justement fier, et qui comme les Rigoult,

(1) Voy. cet arrêt du parlement aux pièces justificatives.

les Ladiré, les Fauconnet, les Dupuis, les Duteurtre, s'étaient acquis une grande influence comme armateurs et comme commerçants, constituant ainsi une sorte d'aristocratie de la richesse et de la probité. « Ne désirant partir de ce monde sans avoir disposé du sy peu de bien qu'il a pleü à Dieu lui donner, » Nicolas Vasse donna aux R. P. Pénitents la somme de trois cents livres, à la charge par eux de célébrer des messes pour la rémission de ses fautes. Après sa mort qui arriva le 24 décembre 1698, il fut inhumé selon son désir en l'église des Révérends Pénitents, dans la chapelle de Saint-Nicolas son patron (1).

Les Pénitents ne purent cependant jouir sans contestations des biens que leur avaient donnés les sires de Bréauté. Et en 1700, après de longues procédures dans lesquelles n'intervinrent point les habitants de Saint-Valery, un arrêt du conseil du roi donna définitivement raison à ces derniers contre les Franciscains au sujet de la léproserie.

Les malheureux lépreux, que tout le monde repoussait, avaient été transférés de la chapelle de Clémencé, à l'hôpital général de Dieppe ; les administrateurs de cet hospice rejetèrent aussi les lépreux de Saint-Valery dont personne ne payait l'entretien. Ils les firent mettre dans une maison de Néville, d'où, par ordre du chancelier et de l'archevêque de Rouen, ils furent transportés à l'hôpital de Saint-Mesmin et de là renvoyés dans celui de Dieppe. Les administrateurs firent une saisie sur le nommé de Castres, fermier des Pénitents pour les biens de la chapelle Clémencé,

(1) Voy. ce très curieux testament aux pièces justificatives.

et le conseil d'état du Roi fut appelé à mettre fin à cette situation.

Le conseil maintint les religieux Pénitents de Saint-Valery-en-Caux en la possession et jouissance des biens et revenus de la chapelle ou léproserie de Saint-Georges de Clémencé ; mais il ordonna que, conformément à l'ordonnance du Roi de 1693, lesdits religieux fussent tenus de payer tous les ans à l'hôpital général de la ville de Dieppe, à commencer du 29 septembre 1698, le quart des 514 livres du revenu de ladite chapelle, exempt de toutes charges, pour être employé à la subsistance des pauvres malades des paroisses de Cailleville, Néville et Saint-Valery, que les administrateurs dudit hôpital seront tenus d'y recevoir à proportion du quart du revenu de ladite chapelle : faisant main-levée des saisies faites sur les fermiers desdits religieux Pénitents qui seront tenus de payer ce qu'ils doivent de leur fermage (1).

Des lettres-patentes du mois de novembre 1701 confirment l'arrêt portant union du quart du revenu de la léproserie de Saint-Georges de Clémencé à l'hopital général de la ville de Dieppe. Ces lettres furent enregistrées au Parlement de Rouen, le 5 décembre 1701.

Une fois les Pénitents établis à Saint-Valery, nous ne trouvons sur eux que peu de renseignements, et nous le regrettons d'autant plus que nous aurions été heureux de les suivre jusqu'au moment de leur exil. L'humble couvent n'a point d'histoire, et aucun écrit

(1) Voyez cet arrêt du conseil du roi aux pièces justificatives.

n'a immortalisé les vertus qu'ont pratiquées, le bien qu'ont fait les religieux de Saint-Valery.

Mgr de la Rochefoucauld, consulté au sujet des religieux par la commission dite des Réguliers, instituée par Louis XV en 1766, atteste hautement l'utilité et même la nécessité des dix maisons du Tiers-Ordre qu'il possède dans son diocèse, quoique la plupart n'aient pas le nombre voulu de profès. Il voudrait même qu'on laissât ces religieux tels qu'ils sont dans les différents couvents, et craint que les changements qu'on pourrait exécuter « ne fassent une plaie au diocèse. » Le couvent de Saint-Valery, composé de six religieux et de deux frères, est particulièrement signalé dans le rapport comme indispensable à la ville et aux environs, le clergé étant insuffisant pour satisfaire à tout.

Les Pénitents ont donc passé en faisant le bien. En 1790, la Révolution ferma le couvent et les religieux durent quitter la ville. Le 17 janvier 1791, le district de Cany vendit 13,000 fr. 22 ares de terre à Néville, appartenant aux Pénitents de Saint-Valery (1).

Nos pères ont tous connu le dernier survivant du Tiers-Ordre. Il était resté comme gardien dans le couvent dont il avait été frère-lai ; il passa un bail, le 30 octobre 1792, devant le directoire de Cany, pour la ci-devant maison conventuelle des Pénitents de Saint-Valery. Il payait 160 livres par an le droit de mourir dans son couvent et de prier sur la tombe de ses frères. Un procès-verbal du conseil général de Saint-Valery, du mois d'avril 1793, nous le dépeint de haute stature,

___

(1) Arch. départementales.

le front large, les yeux bleus et les cheveux blonds, vrai type de moine et de moine normand (1).

Le vieux frère eut une vie bien agitée, et sous ses yeux, se passèrent des changements qui durent lui paraître étranges. Il vit les Jacobins Valericais installés dans la chapelle du couvent ; il vit les fêtes civiques succéder aux fêtes religieuses, et l'hymne des Marseillais au chant des psaumes (2). Lui-même fut obligé de prêter le serment civique, et promit d'être fidèle à la nation, de maintenir la liberté et l'égalité, ou de mourir en la défendant (3). Il fut plus tard nommé concierge de la prison militaire établie aux Pénitents.

Avant de nous occuper des nouveaux hôtes du couvent, nous avons voulu parler du frère Antoine. Le bon moine, qui passait pour prophète et que tous les habitants vénéraient, mourut dans sa cellule le 15 avril 1816, à l'âge de 66 ans, sous le nom d'Antoine Dubourg, jardinier, ci-devant frère Antoine. Il emporta à tout jamais dans sa tombe le souvenir de ces choses mortes, et avec lui disparut le dernier des Pénitents de Saint-Valery.

(1) Voy. ce procès-verbal aux pièces justificatives.

(2) Une fête civique aura lieu en l'honneur du succès des armes françaises dans l'église des ci-devant Pénitents, où l'hymne des Marseillais sera chantée solennellement (Reg. du conseil génér. de Saint-Valery 6 nov. 1792).

(3) Reg. du conseil de Saint-Valery. 7 oct. 1792.

LE

CLUB DES JACOBINS

Le 14 frimaire an II, les citoyens Cotelle et Lheureux annoncent au Conseil général de Saint-Valery qu'une société populaire est prête à se former dans le sein de cette commune, elle demande le local des ci-devant Pénitents pour y tenir ses séances. Le Conseil arrête que la Société populaire des Sans-Culottes tiendra provisoirement ses séances dans le conseil des ci-devant Pénitents, sauf à s'arranger avec le locataire (1).

On sait que toutes les villes de France eurent à cette époque leur club populaire. Une des forces du club central des Jacobins de Paris était cette affiliation de tous les révolutionnaires des provinces. L'opinion qu'avaient émise les Sans-Culottes de Paris leur revenait sous forme d'adresse de tous les points de la France. Tout se centralisait à Paris, la province imitait Paris, et tous les événements, toutes les idées de la capitale avaient leur écho au fond des plus petits villages.

·1) Extrait du registre du conseil général de Saint-Valery — 14 frim. an II.

Il nous a paru intéressant de faire revivre le club de Saint-Valery. Il ressemblait aux autres par bien des côtés ; le style déclamatoire et ampoulé, l'amour des fêtes et des démonstrations extérieures, les dénonciations, l'influence exercée sur l'autorité légale sont des caractères communs à toutes ces sociétés. Cependant les révolutionnaires valericais conservent leur physionomie locale. On sait que Rouen était à cette époque une des villes les plus modérées, une de celles où les terroristes comptèrent le moins d'adhérents. Les habitants du pays de Caux se firent toujours remarquer par leur horreur du sang et des violences, et s'ils imitèrent les cris des Jacobins, ils ne les suivirent point jusqu'aux actes. La Société populaire de Saint-Valery fut plus souvent comique que terrible ; le titre d'une comédie de Shakespeare : *Beaucoup de bruit pour rien* résumerait assez bien l'impression qu'elle laisse.

Si, comme l'a dit un historien, la Révolution fut par essence une translation de propriété, ses effets furent peu violents à Saint-Valery. Il n'y eut dans le canton que 81 émigrés, dont cinq nobles et trois magistrats. Les autres étaient des curés, qui ne possédaient guère que leurs effets. Les seigneurs de Néville eux-mêmes n'avaient plus à cette époque d'immenses domaines. Seuls, les abbés de Fécamp étaient encore propriétaires de biens considérables, loués par la régie 50,000 livres et valant sans doute le double, sans compter de très fortes dîmes à la Gaillarde et à Saint-Pierre-le-Vieux.

La première séance du club eut lieu, en l'an

deuxième de la République Française, une et indivisible, le décadi vingtième jour du mois de brumaire (10 décembre 1793), à quatre heures du soir, dans le chapitre des ci-devant Pénitents de la commune de Saint-Valery-en-Caux, lieu agréé par la municipalité. Ils quittèrent bientôt ce local ; ils y avaient trop froid, et la salle était sonore, le bruit qu'ils faisaient était étourdissant. Peut-être étaient-ils mal à l'aise pour déclamer là où les Pères Pénitents avaient gravement disserté ; toujours est-il qu'ils se transportèrent dans la chapelle du couvent, ce qui leur permit d'avoir comme à la Convention, le peuple dans les tribunes, nouvelle cause de désordre ; plus tard, les séances se tinrent dans la chapelle Notre-Dame de Bon-Port, transformée en temple de la Raison.

Les premiers membres de la Société étaient au nombre de 27 ; ils s'accrurent peu à peu et finirent même par être plus de 200 ; ce qui est considérable, la population étant alors de 5.000 habitants. Dès le début, les membres prêtèrent le serment suivant : « Je jure de maintenir la liberté, l'égalité, l'unité, l'indivisibilité de la République ; je jure une haine éternelle aux Rois et à leurs partisans, au fédéralisme, au modérantisme ; de ne donner mes suffrages dans les élections qu'aux citoyens qui se montreront à la hauteur des principes dignes d'hommes libres ; de sacrifier à la patrie toute jalousie, tout ressentiment particulier, tout intérêt personnel ; de remplir avec exactitude et désintéressement tous les emplois qui me seront confiés dans la République et la Société, d'être inviolablement attaché à tous les membres qui composent et pourront composer notre société, de les servir et de les défendre envers et contre tous les ennemis de la République. »

En prenant possession de la charge qu'il devait exercer un mois durant, le président prononça un discours digne d'être cité, comme monument du style et des idées de l'époque : « Les Français, dit-il, ont rendu intelligible pour tous les peuples la science de la liberté ; nous avons repris la dignité que la nature nous accorde, et comme notre révolution est une nécessité, nous avons brisé le sceptre et puni le tyran de l'échafaud, ainsi que la scélératesse qui avait osé attenter à l'unité et à l'indivisibilité de la République.

« Le soleil de la liberté, levé sur notre horizon, ira vivifier et éclairer tous les peuples.

« Notre constitution vraiment républicaine, ne périra · jamais. Les bases conviennent à tous les hommes et à tous les pays, elle est le tombeau de tous les partis et de toutes les passions.

« Transmettons donc à nos descendants le feu sacré de la liberté qui nous embrasse, que la loi du peuple ait seule un autel sur la terre, sous les auspices de l'Eternel. »

Comme l'expose très bien M. Taine, « jamais on a tant parlé pour si peu dire. » Le verbiage creux et l'emphase ronflante y noient toute vérité sous leur monotonie et leur enflure. « Une fumée d'orgueil et de grands mots s'est répandue dans les cervelles. » L'orateur se croyait sans doute Mirabeau, et les Sans-Culottes de Saint-Valery se figuraient être l'assemblée constituante décidant du sort de la France. De tels esprits ne peuvent manquer de prendre le *Contrat social* pour Evangile : ils le citent et le placent à tout propos, voire même hors de propos : « Notre constitution, disent-ils, convient à tous les hommes et à tous les pays. » Ils n'examinent même pas si une constitution est possible ; pas plus que leurs grands modèles de la Convention, ils ne se doutent pas qu'on ne gouverne pas un peuple avec des idées générales et des déclarations de droits de l'homme ; ils ne s'aperçoivent pas que la politique est une science de faits et non de principes, que tout y est relatif et non point absolu. Ils affirment, « comme un mouton qui va dessus la foi d'autrui. »

Ils se garderont de considérer des êtres réels, de chercher autour d'eux, de discuter les intérêts et les questions locales ; ils sont aveuglés « par ce soleil de la liberté qui ira éclairer tous les peuples. »

Aussi est-il difficile, à travers leurs phrases creuses et leurs idées générales, d'entrevoir le caractère et les passions des individus. Ils déclament tous de même sorte et dans les mêmes termes. Il n'y a point de personnalité dans leur style ; aucun d'eux n'est vraiment « quelqu'un. » Ils semblent réaliser l'égalité dans la médiocrité et nous trouvons parmi eux peu d'hommes à citer.

Ils nommèrent président le citoyen Thomas Cotelle, commandant temporaire de la garde nationale. C'était un riche bourgeois, qui appartenait à une des plus vieilles familles de Saint-Valery. Il voulut se faire pardonner sa situation, et crut prudent de déclamer comme les autres. Il avait pour oncle un curé émigré, dont il

avait, paraît-il, vendu lui-même les biens . Il en fut accusé et se disculpa en répondant que les effets du
curé avaient été donnés à sa sœur, et que le reste
serait vendu légalement par le district. Mais son
esprit rogue et autoritaire, joint à son titre de commandant des forces militaires de Saint-Valery, lui
attira beaucoup d'ennemis. Le représentant du peuple
lui-même, le député Siblot, le dénonça par lettre au
club des Jacobins ; ceux-ci furent d'un avis presque
unanime que Cotelle était bon patriote, les tribunes
applaudirent à son civisme et deux membres furent
chargés de porter sa justification à Silblot.

Il faut rendre justice au club valericais : il n'ac-
cueillait point aveuglément toute dénonciation. Bien
qu'une partie de son temps se passât à épurer ses
membres les plus influents et à les mettre en accusa-
tions, il les déclara presque tous bons patriotes, et les
renvoya absous de leurs prétendus crimes de fédéralisme et de modérantisme, ces deux grands mots qui
causèrent la mort des Girondins.

Cependant les ennemis de Cotelle ne se découra-
gèrent point : un certain Guilbert l'accuse d'avoir eu
l'intention de marcher sur Paris. « Cotelle repousse
cette calomnie d'avoir eu l'intention de voter pour une
force départementaire ; » toujours il a reconnu la convention nationale ; d'ailleurs le département a, le
14 juin dernier, arrêté qu'il ne prendrait aucune part
avec les départements qui se déclaraient en insur-
rection : son centre d'unité est la Convention, et les
représentants Legendre, Lacroix, Louchet, lui ont
adressé des félicitations sur sa ligne de conduite. La

Société exige que Guilbert prouve son énoncé. Celui-ci reste muet, et le citoyen Cotelle se plaint que le soupçon plane ainsi sur la tête d'un bon patriote, mais lui, toujours grand, même envers son dénonciateur, invite Guilbert à déterminer le jour où il veut établir ses preuves. Guilbert ne donnant aucune réponse catégorique, mais balbutiant et divaguant au contraire, la Société le force à donner des pièces le duodi prochain.

A la séance suivante, Guilbert déposa sur le bureau un extrait des registres de la Société populaire de Cany ; Thomas Cotelle y est accusé d'avoir participé au fédéralisme des départements insurgés.

L'accusé prend la parole et prouve que c'est Guilbert lui-même qui l'a dénoncé à Cany ; qu'il est innocent, qu'on le calomnie, que la Convention l'a maintenu dans ses fonctions. Les tribunes applaudissent avec frénésie ; le club, heureux d'ailleurs de se trouver en désaccord avec la Société rivale et ennemie de la petite ville voisine, déclare que cet acte ne contient en lui-même qu'une dénonciation dénuée de preuves, qu'il répugne au principe de regarder comme preuve ce qui n'est en soi-même qu'une simple dénonciation. Guilbert est suspendu pendant trois décades, et Cotelle déclaré bon patriote. Mais ce dernier, imbu des principes républicains et regardant comme au-dessous de lui la récrimination, la vengeance et même la poursuite que la justice et la loi l'autorisaient de faire contre son dénonciateur, lui donna l'accolade.

Ce n'est point au seul Cotelle que s'attaquaient les

haines. Parfois l'accusation est sans motifs, et on l'avoue avec une naïveté incomparable : c'est ainsi qu'un membre demande que Picard soit rayé du tableau de la Société ; mis en demeure de déduire ses raisons, il répond qu'il est étonné qu'on lui demande les motifs de la motion qu'il vient de faire ; qu'on n'ignore pas que cet individu a tenté d'exciter une contre-révolution dans cette commune. « Je compare Picard, dit-il, au traître Lacroix, et je refuse de siéger avec lui désormais. » A la séance suivante, Picard demande la parole pour se justifier ; la Société consultée décide qu'elle ne lui sera point accordée. Un membre demande quels sont les faits dont on inculpe Picard. Un autre répond qu'il le compare au traître Lacroix, en tentant d'armer les citoyens les uns contre les autres, et il ajoute que « s'il pouvait poursuivre ledit Picard, il le ferait autant qu'il le pourrait. » Malgré ces excellentes raisons et en dépit de l'éloquence variée de l'orateur, l'assemblée passe à l'ordre du jour.

Parfois les prétextes les plus futiles sont invoqués. Le citoyen Delaunay est inculpé de posséder un bâton représentant un officier municipal et d'avoir ridiculisé l'habit de garde-national. Ceci est du meilleur comique ; rien d'amusant comme cette mise en accusation d'un citoyen qui se permet de porter une canne séditieuse. Malheureusement, c'est avec de semblables raisons qu'on a toujours perdu des innocents, dont le seul crime était de déplaire au roi ou au peuple, cet autre souverain plus terrible que l'autre. Mais à Saint-Valery, le sang ne coula point et Delaunay continua à se promener avec la caricature du maire sous son

bras, sans crainte du couperet de la guillotine. — Un
autre citoyen, croyant bien faire, avait attaché la
cocarde nationale à son cheval ; on dénonce cette pro-
fanation. Mais la Société reconnaît « que ce qu'il en a
fait, c'est par simplicité et franchise. » — C'était
surtout lorsque la société s'épurait et se régénérait (la
chose était fréquente), que la calomnie se donnait un
libre cours. Chacun était alors obligé de rendre compte
de sa conduite politique et privée depuis 1789,
et cette conduite n'était pas toujours d'un républicanisme exemplaire. — Mais lorsque la haine des
dénonciateurs était trop flagrante, la Société se refu-
sait à les suivre. « Un membre dit que la Société doit
exclure de son sein Avisse, pour avoir, au lieu ordinaire servant de dépôt pour la vente des légumes, ren-
voyé les citoyens jardiniers, par ses menaces, et même
avoir foulé aux pieds lesdits légumes. » La motion est
adoptée ; aussitôt un des secrétaires se lève : « J'ai à
vous faire part du plus noir des attentats que l'on
puisse porter contre la confiance dont vous êtes inves-
tis. Par une fatalité des plus malignes, le nom d'Avisse,
se trouve rayé et brouillonné sur le tableau. — Il faut
donc vous prévenir combien la malveillance a encore
dans cette commune, pour ne pas dire dans cette
société, des ressorts bas pour opprimer les patriotes. »
— Sur ce, on vote de nouveau, et on décide que le
nom d'Avisse sera récrit intelligiblement. — Nul
n'échappait à l'inquisition du club, qui discutait par
exemple sur la vie politique et morale d'une femme,
la citoyenne Monique Hébert, que le comité de surveillance avait mise en état d'arrestation ; les membres
du club interrogés sur son compte répondent qu'ils ne

connaissent rien de sa conduite ; deux d'entre eux
cependant déclarent qu'elle est l'institutrice de leurs
enfants et qu'elle n'inculque aucun principe révolutionnaire à ses écoliers. — Puis cinq autres « disent
qu'il ont entendu dire qu'elle avait dit (*sic*) qu'elle
se faisait honneur d'être aristocrate. » Un autre dit qu'il
à entendu dire qu'elle est fanatique. Elle est encore
accusée d'avoir dit « que la religion était perdue, et
que cela n'était pas étonnant, parce que les législa-
teurs n'ont ni foi ni religion. — On lui dit : Vous êtes
donc aristocrate. — Oui, répondit-elle, et je m'en fais
honneur, car il n'y a que les gens d'esprit qui le sont. »
— Enfin, elle a commis le crime de ne point aller à la
messe des prêtres assermentés. — Le club épouvanté
décide que cette citoyenne est un danger pour la
patrie, et il en écrit au représentant du peuple Siblot,
qui se trouvait au Hâvre-Marat.

C'est surtout sur le patriotisme et le républicanisme
des officiers municipaux, c'est-à-dire du pouvoir légal
et relativement modéré que se portaient les soupçons.
Ceux-ci leur avaient donné le droit de les suspecter,
d'abord en les autorisant à s'établir, puis en se faisant
inscrire parmi eux ; de même à Paris, Dumouriez et
La Fayette venaient rendre compte de leurs actes au
club des Jacobins. A Saint-Valery, le maire, Gautier,
vint l'un des premiers siéger aux Pénitents, par fai-
blesse ou par crainte sans doute ; il avait été prêtre, et
tenait à se le faire pardonner. Thinon, qui avait été
maire en 1792, demanda à faire partie du club ; il n'y
fut admis qu'avec peine ; on l'accusa d'avoir quitté la
mairie au moment de la disette, et d'avoir énoncé

l'émission de 500 livres de bons, tandis que, vérification faite chez lui, il y en avait pour 1,000 livres. Quelques jours après, il justifia d'un procès-verbal de saisie et d'un certificat du citoyen receveur du district de Cany, constatant qu'il avait été exercé contre lui plusieurs contraintes. « Un membre réplique que Thinon n'était pas lavé des inculpations dirigées contre lui sur sa démission de maire dans un temps où la disette de subsistances se faisait sentir en cette commune ; qu'au surplus il ne le croyait pas digne d'être admis dans la société. » Un ami de Thinon le défend : S'il avait donné sa démission de maire, c'était à cause de sa qualité de percepteur ; il était patriote, ayant mis la plus grande partie de sa fortune à l'achat de biens nationaux. Thinon est admis dans le club ; aussitôt Picard et Lheureux se lèvent et sortent, disant qu'ils ne voteront plus pour qui que ce soit, et qu'ils se retirent parce qu'il vient d'être reçu un aristocrate. Ils reviennent un mois après, et Thinon les apercevant demande que Lheureux, en vrai républicain, se rétracte de l'avancé qu'il a fait sur son compte ; ils se donnent l'accolade fraternelle, se promettent d'oublier le passé et Lheureux déclare que Thinon n'est pas un aristocrate. Plus tard Thinon devenu accusateur, s'en prend à son successeur, le maire Gauthier, et à propos d'un enfant élevé par ce dernier, prétend « que le jeune élève avait l'esprit farci du catéchisme ridicule et de l'imposture imaginée par les ci-devant prêtres. » La Société désavoue Thinon et reconnaît le maire bon patriote.

A Saint-Valery, le club dominait donc tout, et se

faisait rendre compte de tout, des affaires municipales comme de celles de l'armée. Au début, on prévient encore le conseil général lorsqu'on se réunit, ou que l'on veut planter un arbre 'de la liberté, « considérant qu'il faut toujours se concilier avec les autorités constituées. » Mais bientôt ce sont ces autorités elles-mêmes qui préviennent les Jacobins et demandent leur assentiment. Une députation du Conseil vient informer la Société de la démission des notables, afin qu'elle puisse former, comme le demande une lettre du représentant Siblot, une liste de patriotes pour remplacer les démissionnaires. Le même représentant les engage à donner leur avis sur les juges et à épurer les tribunaux. Une liste est aussitôt dressée, et l'on passe en revue le comité de surveillance, le tribunal de paix, le tribunal de commerce. Gauthier, juge de paix, est reconnu *bon*; Adrien Le Seigneur, assesseur, *à la hauteur de la montagne*. J.-B. Fauconnet, deuxième assesseur, *moins apprécié*; Dumouchel, greffier, *reconnu vrai sans-culotte*. Dans cette étrange époque, ce n'est plus le tribunal qui juge, il est jugé; la machine sociale ne fonctionne plus : le soldat n'obéit plus, le chef ne commande plus : le lieutenant de la garde nationale avait cru devoir faire placer un soldat à la porte de la salle du club, pour y maintenir l'ordre; les membres venaient avec des bâtons, « ce qui, dit le président, est contraire à toute décence; » les citoyens et les citoyennes des tribunes prenaient part aux discussions et leurs cris troublaient l'ordre de la salle. Néanmoins les Jacobins voulaient faire leur police eux-mêmes, et apercevant « un citoyen en armes » près de la porte, le président demanda « si la Société voulait qu'on interrogeât le citoyen armé, afin de savoir pourquoi il était là ; le citoyen armé répond que c'est son lieutenant qui l'a envoyé, et ce dernier, présent dans l'auditoire, dit qu'il a cru devoir prendre cette mesure à cause du tumulte qui régnait, et qu'il l'avait fait par une bonne intention ; mais qu'il sentait bien qu'il avait commis une faute, et qu'à l'avenir il ne se permettrait pas de placer de sentinelle sans en avoir reçu l'ordre de la Société. » Ainsi parle le lieutenant ; et quelques jours après, le commandant vient aussi se justifier d'avoir donné un coup à un canonnier, et dit qu'il a seulement pris vivement le bras à un homme qui ne voulait pas obéir. On demande à un soldat si c'est par patriotisme ou non qu'il a dit : A bas les épaulettes du commandant. Il répond que c'est par patriotisme, et la Société se déclare satisfaite. Un autre est accusé d'avoir quitté sa compagnie; il répond que l'officier qui le commandait l'ayant menacé de la prison, parce qu'il ne manœuvrait pas comme les autres, il se trouva gravement offensé d'une pareille conduite, et se retira chez lui. La Société l'approuve, considérant sans doute la discipline comme une chose féodale et contre-révolutionnaire. Il s'est toujours trouvé des soldats mécontents de leurs chefs, mais ce n'est que dans un état désorganisé qu'ils trouvent des clubs pour leur donner raison et les soutenir.

La guerre et l'armée formaient une des préoccupations constantes des Jacobins. Rien de plus louable assurément ; si parfois ce patriotisme se traduit sous une forme quelque peu ridicule, il n'en est pas moins respectable dans son principe et dans ses effets. La grande force et la grande qualité des hommes de cette époque, c'est qu'ils eurent la foi ; ils crurent sincèrement à tout ce qu'ils disaient, à tout ce qu'ils faisaient. Cette foi, qui transporte des montagnes, sauva la France de l'invasion étrangère et créa une grande époque. Sous les phrases pompeuses et malgré la déclamation, il y a un accent de sincérité et de conviction qui émeut.

Saint-Valery était à cette époque une ville toute militaire. Il y avait une garnison et une garde nationale ; on y trouvait deux batteries, objet constant des soins des habitants, qu'elles ne défendirent cependant pas d'un bombardement quelques années plus tard, en 1797. La ville était justement fière de ses intrépides corsaires, qui accomplissaient des faits d'armes presque fabuleux.

Saint-Valery a sa légende révolutionnaire. L'épopée des guerres de la République et de l'Empire a laissé partout des souvenirs encore vivants. En Normandie, où la haine de l'étranger est si violente, surtout quand cet étranger est l'Anglais, la lutte prit un caractère héroïque et sanguinaire. Les corsaires entraient dans le petit port avec le pont du vaisseau tout ensanglanté, et, attachées aux mats, de malheureuses jeunes filles que, comme les pirates des *Orientales*, ils avaient prises sur les côtes anglaises et horriblement torturées.

Un corsaire de Dieppe, commandé par le capitaine Paulet, fut chassé par une frégate anglaise. Paulet vint s'abriter sous les canons des batteries de Saint-Valery, à peu de distance du rivage. A bord de cette frégate , commandée par lord Melville , cousin du ministre de la marine, se trouvait un jeune lieutenant ; son frère le commandant voulut lui faire gagner ses épaulettes ; à la nuit, il l'envoya avec quatre chaloupes aborder l'ennemi. Les corsaires qui n'observaient point une stricte discipline , dormaient tous à fond de cale ; les chaloupes guidées par un déserteur français s'avançèrent sans bruit à l'aide de leurs rames garnies de flanelle. Les Anglais sautèrent à bord du corsaire, clouèrent les écoutilles , et enfermèrent l'équipage comme dans une souricière. Par bonheur, il y avait à bord un Danois d'une force prodigieuse qui, par des coups d'épaule donnés au pont, parvint à faire sauter une planche. Le capitaine Paulet, avec quelques matelots, sortit par cette ouverture ; ils coururent au coffre d'armes qu'ils défonçèrent, attaquèrent vigoureusement les Anglais. Un combat terrible à l'arme blanche s'engagea ; le Danois, pour aller plus vite, prenait les Anglais par les jambes et leur cassait la tête sur les bastingages. Le combat dura quelques instants, effroyable, acharné ; enfin vint un moment où le commandant anglais demeura presque seul ; un matelot l'abattit à ses pieds et le mit dans l'impossibilité de se défendre. Le combat cessa faute de combattants ; Paulet, qui avait une sorte d'humanité, fit ramasser les blessés et jeter les morts à la mer. Le corsaire entra dans le port à la pointe du jour ; le commandant de Saint-Valery fit brutalement jeter les blessés dans la tour des Anglais, qui existait alors à l'entrée du port ; les trois survivants, le commandant, un matelot et un jeune aspirant de quinze ans restèrent là deux jours, abandonnés.

Le bruit de cette captivité s'étant répandu dans la ville, plusieurs jeunes gens, entre autres M. Duteurtre, qui mourut plus tard maire de Saint-Valery, vinrent voir les blessés. En entrant, ils aperçurent le commandant qui tremblait la fièvre ; l'un d'eux ôta son manteau et le jeta sur ses épaules. L'Anglais lui prit la main et lui dit : « Fortune de guerre, Monsieur, fortune de guerre ; mais (il montrait l'aspirant), prenez soin de cet enfant que sa mère m'a confié et que je veux lui ramener. »

Le matelot était mort, mort de faim et de froid ; on débarqua les deux survivants qui reçurent une généreuse hospitalité. Un bon vieux chirurgien, Jacques Augot, pansa leurs blessures et les soigna. Le commandant anglais écrivit ces faits à son cousin le ministre qui, pour témoigner sa reconnaissance aux habitants pour leur bonté, fit mettre en liberté tous les prisonniers valericais qui étaient à bord des pontons.

Les vieux pêcheurs content encore parfois ces histoires de la grande époque. Un jour, le capitaine de corsaire Boilay envoie dix hommes attaquer un bateau anglais ; ceux-ci reviennent bientôt épouvantés, disant qu'ils ont entendu rugir le diable. Boilay qui, en vrai corsaire, ne craint ni Dieu ni diable, y va lui-même ; il trouve un lion que l'empereur du Maroc envoyait au prince régent d'Angleterre. Le diable et ses suppôts les Anglais furent tués ; la Manche engloutit leurs cadavres.

Balidard est demeuré le corsaire le plus célèbre dans l'esprit des marins. On raconte qu'un jour il enleva à

Douvres le factionnaire et sa guérite, et les ramena, l'un portant l'autre, à Saint-Valery (1).

La guerre à l'Angleterre, les corsaires, la garde nationale préoccupaient sans cesse le club des Jacobins. Tantôt c'est un marin échappé des prisons d'Angleterre qui donne à la Société populaire des détails « sur ce qu'il a souffert chez ces féroces insulaires, sur différents parages occupés par l'ennemi, dont il est facile de le chasser. » Tantôt ce sont des frégates anglaises qui passent en vue du port, et on remarque avec peine que les canons ne portent pas assez loin. Alors « un membre, instruit sur l'artillerie, » donne des détails à la Société. Il dit que les valets pour bourrer les canons n'étaient pas assez serrés ; qu'ils devaient être faits d'étoupe et non de paille. La Société nomme deux commissaires pour examiner la question, et exprime le vœu qu'il soit envoyé deux pièces de huit tout en conservant les canons de quatre. Parfois un citoyen vient faire le récit d'un combat naval auquel il a pris part, et « la Société montre le plaisir qu'elle éprouve d'avoir d'aussi bons défenseurs pour exterminer le reste des satellites que la tyrannie arma contre nous. » Un brave marin écrit à l'assemblée, et raconte un trait d'héroïsme qu'il a accompli dans le combat livré sur l'Océan, le 18 prairial an II. Ayant perdu un bout de l'oreille et une partie de la lèvre inférieure, il disait : Ce n'est rien, j'ai hâte d'être rétabli pour concourir à l'anéantissement des féroces Anglais. Non seulement la Société correspondait au sujet des affaires militaires avec les

____

(1) Registres de l'inscription maritime. — Correspondance avec le commissaire de Fécamp. — Nous avons mis à contribution les souvenirs de M. Desfourneaux, à qui nous en témoignons notre reconnaissance.

Sociétés populaires de Fécamp, d'Yvetot, de Brest, mais la Convention elle-même répondait à ses adresses ; les généraux l'informaient de leurs projets, des postes qu'ils occupaient, et demandaient son avis. Et si le commissaire des guerres Barrère ou le général Beaufort passait par le district, c'est aux Pénitents qu'ils se rendaient et non à la mairie.

On célébrait les victoires des Français par de grandes et joyeuses fêtes ; « le représentant du peuple Laurent annonce, dans une lettre datée de Maubeuge, la défaite des satellites des tyrans qui, fuyant à toutes jambes jour et nuit, privent les braves républicains de les rejoindre. » La Société, par enthousiasme divin, décrète une fête en cet honneur. On cherche à glorifier par tous les moyens le souvenir des Valericais qui sont morts en défendant le sol de la patrie ; on projette d'élever sur la place une colonne sur laquelle seront inscrits les noms de ceux qui ont terminé glorieusement leur carrière en combattant, ainsi que de ceux qui auront fait quelque action éclatante ; le citoyen Lechaudée est chargé de dresser le plan de ce monument.

Un des moyens de prouver son zèle pour la chose publique et de contribuer à la défense nationale, était, on le sait, la fabrication et la recherche du salpêtre. Les Jacobins ne le négligèrent point, et quoiqu'il y eut à Saint-Valery une salpêtrière, ils voulurent « coopérer à l'anéantissement de tous les tyrans. » Ils se faisaient souvent présenter par un agent de la salpêtrière « une partie du fruit de ses travaux, c'est-à-dire cette foudre qui doit purger la terre des tyrans et de leurs satellites. » Ils demandaient des détails sur le mode de fabrication ; ils excitaient les ouvriers à travailler consciencieusement « puisque cette matière sert à consolider la liberté et à la destruction des esclaves. » Les jours de décadi, les citoyens membres du club se réunissaient à la municipalité , et tous allaient se promener gravement sur les falaises ; ils arrachaient les herbes propres à la fabrication du salpêtre ou, comme ils disaient en leur langage, « à la destruction totale de la horde infernale. » Puis ils s'en revenaient en bon ordre, sans rire et chantant des cantiques républicains. Aussi la Convention les félicitait-elle, leur écrivant que c'était le district de Cany et particulièrement leur commune qui fournissait le plus de salpêtre de toute la France. Des souscriptions étaient ouvertes pour offrir un vaisseau tout armé à la République. C'était une émulation de dons patriotiques en nature pour les défenseurs de la patrie. Des citoyens et des citoyennes venaient déposer sur le bureau de l'Assemblée des chemises, des bas, des souliers : « une citoyenne donne au nom du citoyen Lehot, ci-devant prêtre, deux chemises et une paire de souliers : le président lui donne l'accolade fraternelle ; un garde national donne une vieille culotte de peau. » Tout cela, sérieusement et sincèrement, comme des gens qui ont conscience des grandes choses qu'ils accomplissent. Car, devant la patrie en danger, l'ironie perd ses droits.

Au reste, les Sans-Culotte de Saint-Valery cherchaient à arranger les affaires qui intéressaient le pays et à soulager les nombreuses misères de la population.

Ils eussent voulu voir la municipalité fournir au peuple tout ce qu'il lui fallait, et eux-mêmes s'en chargeaient, assez maladroitement du reste. Ils distribuaient aux habitants du suif, des sabots, du beurre ; ils s'adres-saient à leurs frères de Marseille pour obtenir l'envoi de caisses de savon ; les membres de la Société étaient, par une louable précaution, invités à se passer de toute distribution. Ils se faisaient adresser un état de la quantité de sel, de viande qui existaient chez les marchands, et se plaignaient que les bouchers ne missent pas toute la délicatesse convenable dans les distributions de viande, de sorte que les vrais sans-culottes ne pouvaient en obtenir.

Ils avaient surtout à lutter contre la famine qui, s'il faut en croire les documents de l'époque, fut dans ce pays plus violente et surtout beaucoup plus longue que dans le reste de la France. La cause de la famine n'était point le manque de blé ; mais à mesure que dans un état l'autorité devient plus faible, la sécurité devient moindre ; à mesure que la sécurité devient moindre, la répartition des subsistances devient plus difficile. « La gendarmerie, dit M. Taine, est un rouage indispensable dans la machine qui nous apporte chaque jour notre pain quotidien. » Le grain ne cir-cule plus ; le blé est prisonnier, taxé et requis de force. Ce n'est que par violence et sous escorte qu'on peut faire arriver du blé dans une ville ; le peuple ou les autorités locales le saisissent au passage. A Saint-Valery, un pilote aperçoit au large un navire danois ; il y court et le trouve chargé de blé pour le Hâvre ; aussitôt, il le persuade d'entrer à Saint-Valery. Le

peuple se jette dessus, et le blé est dispersé sans profit pour personne. Le club a beau chercher les causes
du dégarnissement des halles ; il a beau constater que
cinq cents familles sont sans pain, et s'écrier : « Soula-
geons nos frères, partageons avec eux ! », la confiance
ne renaît point, et le pain continue à manquer. Les
Jacobins s'imaginent qu'il y a des traîtres et des acca-
pareurs ; ils ordonnent des visites domiciliaires ;
des commissaires parcourent les campagnes et cher-
chent à faire un recensement du blé. Mais les paysans
normands ne font que se défier davantage, et les communes qui avoisinent Saint-Valery refusent d'apporter
du blé à la halle. Ingouville décide que le beurre ne
sortira point de son territoire ; et Saint-Riquier se
laisse mettre garnison plutôt que de céder. De ce côté
donc, les Jacobins, quoique pleins de zèle, sont
impuissants et involontairement nuisibles. On est
quelquefois obligé de distribuer au peuple de l'avoine
mélangée avec un peu de farine et de riz. Aussi l'ordre
est troublé dans la rue ; les femmes se rassemblent en
criant : Du pain ! du pain ! L'adjudant est culbuté et
frappé, on lui arrache ses épaulettes et on jette des
pierres au commandant. Des soldats qu'on envoie
d'Yvetot empêchent seuls l'effusion du sang.

Quant aux autres questions sérieuses, finances et
travaux publics, on en ajourne la discussion. Lors
même qu'ils s'en occupent, ils ont toujours devant les
yeux certaines idées qui obscurcissent en eux cette
lumière du bon sens que porte en soi tout homme
venant en ce monde. C'est ainsi qu'ils demandent
qu'on fasse disparaître du mât de signal le pavillon

bleu et blanc qui, de temps immémorial, indique la marée. Ils savent que l'on a choisi ces couleurs parce qu'elles se voient de plus loin ; ils n'ignorent pas qu'un changement peut occasionner des malheurs. Mais avant tout, il faut que le pavillon anti-républicain disparaisse des côtes de ce district ; et l'administration de Cany leur répond qu'il sera fait droit à leur demande.

Ils mêlent le grotesque à l'utile, et ne savent pas où commence le ridicule. Ils donnent un réverbère qui sera placé sur le pont, afin d'éclairer les navires et les passants ; rien de mieux : mais pourquoi décider que ce réverbère portera le nom de sans-culotte, et prêter ainsi à rire à leurs descendants ?

Les Jacobins de Saint-Valery paraissent occupés surtout de l'extérieur : des couleurs des drapeaux et des noms des réverbères. Ils ne vont point au fond des choses et ne s'attachent qu'aux mots. Une de leurs préoccupations fut de changer le nom de Saint-Valery ; de même que le Hâvre s'appela le Hâvre-Marat, comme toutes les villes dont le nom rappelait un souvenir religieux ou féodal, Saint-Valery fut débaptisé. On proposa Bon-Port, qui fut trouvé vide de sens et sans idée énergique, et on s'arrêta au nom de Port-Pelletier, qui rappelait un grand révolutionnaire. Néville, petite commune voisine de Saint-Valery, prit le nom de Montval-l'Union.

Puis on s'appliqua à faire disparaître les signes odieux de l'esclavage des Français qui avaient échappé aux yeux clairvoyants de la municipalité ; on en découvrit sur le portail de l'église, sur les vitraux des ci-devants Pénitents, et sur la salpêtrière ; on les effaça. Une croix existait encore sur le temple de la Raison ; la municipalité fut invitée à la remplacer par deux barres de fer indicatives des vents dans leurs quatre points cardinaux.

Les Jacobins s'étaient fait faire une oriflamme, ils se coiffaient du bonnet rouge, et un membre étant venu un jour avec un bonnet rouge et bleu, le tumulte fut tel que le président dut lever la séance. L'étiquette, on le voit, était aussi sévère qu'à la cour de Louis XIV. De plus, ils avaient un goût particulier pour les chants et les cris ; ils entonnaient à tout propos un hymne républicain, et « la voûte retentissait des doux accents qui élèvent et animent les hommes libres. » « Un citoyen natif de Dieppe, musicien de profession, ayant demandé la permission de chanter devant la Société quelques chansons patriotiques, la Société, considérant qu'elle doit son temps à la chose publique, arrête que ce citoyen chantera moitié de ses hymnes à l'instant, et l'autre moitié à la fin de la séance. Et de suite, le citoyen a chanté trois hymnes qui respirent le plus parfait patriotisme. » Tantôt c'était des symphonies données par des amateurs, tantôt on chantait une ode à l'Être suprême composée par le président. Il y avait aussi un évangile républicain, un catéchisme républicain, toute une religion nouvelle que les Valéricais embrassèrent avec ardeur. Religieux à l'excès, superstitieux même, ils avaient remplacé la religion catholique par une autre dans laquelle le prêtre officiait avec un bonnet rouge, et où le dimanche s'appelait décadi. Il est curieux de voir combien le caractère d'une

race persiste à travers toutes les révolutions et se con-
serve intact pendant des siècles. La légende du pays
raconte que lorsque l'apôtre de la Normandie, le moine
Wallerich, vint évangéliser les ancêtres de nos Jacobins, il eut grand peine à les détacher du culte des
idoles, et des superstitions qu'ils avaient rapportées
de Scandinavie. Ce penchant à l'idolâtrie se retrouve
encore aujourd'hui sous d'autres formes ; ils voient
dans la religion ce qui frappe les yeux, les images et
les cérémonies plutôt que l'esprit et la doctrine. Sous
la Révolution, ils adressèrent leurs hommages à une
statue de la Vierge dont ils avaient fait une déesse de
la Raison, et organisèrent des fêtes républicaines. Ils
furent intolérants et fanatiques ; ils firent des procla-
mations pour l'observation des décadis, défendant
qu'on les employât au travail. Les membres de la
Société, pontifes du nouveau culte, étaient obligés de
se rendre aux instructions décadaires, sous peine
d'être regardés comme mauvais citoyens. Ils s'inquié-
taient même du peu d'enthousiasme des communes
voisines pour le nouveau culte. « Un membre dit qu'il
a vu, non sans douleur, qu'on ne fêtait point le décadi
dans la commune de Veules, et qu'il avait ouï dire
que les citoyens de cette commune n'étaient pas à la
hauteur des principes, que les images des ci-devant
saints y existaient encore. On arrête qu'il sera écrit
à la Société populaire de Veules pour l'engager à faire
promptement disparaître ces signes honteux de
la superstition. » — « Il faut des fêtes, disait Lamen-
nais, au pauvre peuple de ce monde ; car le peuple est
simple et sans art, il n'a rien de grand que lui-même,
et que Dieu qui le console. » C'est de ce besoin de

fêtes que sont nées toutes les cérémonies révolutionnaires. Privés du spectacle qu'ils admiraient dans leurs
églises, les Valericais s'en créèrent bien vite un autre.
Le registre des Sans-Culottes nous a conservé les
très curieux procès-verbaux de ces fêtes.

Ils les multiplient à plaisir, et passent leur temps à
en inventer de nouvelles. C'est ainsi qu'un membre
proposant « de fêter, en même temps que la plantation
de l'arbre de la liberté, l'anniversaire de la chute de
la tête du dernier roi tyran des Français, la Société
considère qu'il doit y avoir deux fêtes séparément pour
la propagation des principes et l'affermissement de
notre liberté. » On planta plusieurs arbres de la
liberté ; le premier fut placé dans la section de la fra-
ternité, au lieu et place de la ci-devant croix, qui était
près le marché. On choisit pour arbre le chêne
« parce que ce bois, qui vit plusieurs siècles, indiquera
aux malveillants que la liberté des républicains français est indissoluble et ne périra jamais.» Les malveillants ont eu raison ; rien de plus éphémère que la
liberté des républicains français. Elle ne tarda pas à périr
et le chêne qui la représentait disparut comme elle,
après quelques frondaisons, dans la tempête de Brumaire. La plantation de l'arbre est relatée par le club
avec le plus grand soin : « La Société, accompagnée
des autorités constituées de cette commune, est sortie
en masse ; la force armée était sur pied, de jeunes
républicains de la première réquisition étaient à leur tête,
plusieurs d'entre eux portaient l'arbre sur leurs
épaules ; suivaient après eux la Société populaire, puis
les membres du Conseil général de la commune, le

tribunal de commerce, juge de paix et assesseurs, le comité de surveillance ; une nombreuse foule de citoyens et de citoyennes de tout âge terminaient la marche ; des hymnes patriotiques ont été chantées tout le long de la route. Arrivés au lieu de la plantation, les différents corps ont formé un cercle. Les chants ont cessé ; le président de la Société a prononcé un discours analogue à la fête, il a été fort applaudi. Ensuite on a planté l'arbre ; tous les citoyens y ont coopéré. Tous ont juré de maintenir l'égalité et la liberté. Au moment du départ, des hymnes patriotiques ont été chantées, et le cortège a repris sa marche pour se rendre à l'endroit d'où il était parti. Arrivé là, les cris de : Vive la République ! Vive la Montagne ! ont été universellement répétés. Un banquet fraternel, où la frugalité et la gaîté ont régné, a terminé la fête. »

Ces cérémonies se renouvellent fréquemment ; les Jacobins les décrètent et la municipalité, les autorités constituées se gardent bien de manquer à l'appel qui leur est adressé. « Pour l'anniversaire du 2 Pluviôse (21 janvier — style esclave), un membre chante une hymne de sa composition analogue à la mort du tyran Capet, et malgré le mauvais temps qu'il faisait, tous les Sans-Culottes tenaient à la main le bonnet de la liberté dont ils étaient affublés, et répétaient avec cette gaieté qui caractérise tous les républicains français le refrain de cette hymne qui retraçait dans tous les cœurs le souvenir à jamais mémorable où notre liberté fût conquise. Le cortège, d'où toute espèce de luxe était banni, avait un air imposant. On lisait sur le visage des Sans-Culottes la destruction de tous les rois de l'univers. » Nous n'insistons pas sur la valeur littéraire de ce morceau et de plusieurs autres sem-blables ; le club valericais ne parlait point la langue de Molière et de Bossuet, odieuse sans doute à tous les vrais républicains. Il dédaignait le langage des aristo-crates, et lui préférait le bas-normand.

Le décadi, nous allions dire le dimanche suivant, on inaugure en grande pompe la ci-devant chapelle, deve-nue le temple de la Raison. Puis on plante un arbre de la liberté à la croix de la place, qui sera désormais appelée place de l'Union. La cérémonie a lieu « au milieu d'un peuple immense, qui n'a cessé de marquer sa gaîté pendant toute la marche, non seulement sur son visage, mais encore par son union et sa tranquillité. » Tous les sujets sont bons pour servir de prétextes aux démonstrations extérieures ; c'est la fête de l'amour de la patrie, celle de l'émancipation des esclaves, « où le président prononce un discours, dans lequel était peinte l'horreur du despotisme, et où, par un décret bienfaisant, la Convention nationale a rompu les chaînes de ces malheureuses victimes de la cupi-dité des riches. Le discours a été entendu avec atten-drissement, et le peuple a manifesté sa joie par les plus vifs applaudissements. » C'est plaisir de voir ces sensibles Normands se réjouir de l'émancipation des nègres de Saint-Domingue. Tes os durent en tressaillir d'aise, ô Rousseau !

Les fêtes républicaines se suivent et se ressemblent ; celle du 10 floréal an II fut une des plus remarquables, ou, si l'on veut, une des plus grotesques. On devait ce jour-là inaugurer les bustes de Pelletier et de Marat ; on se prépara « à donner à cette fête toute la majesté qui lui convient. » Un citoyen fut chargé de demander les musiciens de Fécamp, et « les personnes bénévoles de la commune qui jouaient des instruments furent invitées de partager cette fête en y assistant. » Les Jacobins poètes composèrent des couplets patriotiques, qui furent appris et chantés par les Jacobins musiciens ; un certain nombre d'anciens chantres formèrent un chœur.

« Le cortège sortit aussitôt du temple de la Raison au bruit d'une musique guerrière. Les canonniers avec leurs pièces et un détachement de gardes nationales ouvraient la marche ; ensuite venaient les bustes de Pelletier, de Marat, Rousseau et Brutus, ornés de couronnes civiques, juste prix de leurs vertus, portés par des membres de la Société.

« Suivait un peuple immense dont l'allégresse paraissait être l'hommage qu'il rendait aux généreux défenseurs de ses droits et de sa liberté.

« Le cortège arrive à l'arbre de l'Union, les quatre bustes ont été déposés sur une table ornée de fleurs dont l'arrangement symétrique faisait un effet d'autant plus beau qu'il n'offrait que les trois couleurs si chères aux Français.

« Parvenus à l'arbre le Sans-Culotte, les bustes des grands hommes qui faisaient l'objet de cette auguste fête ont été placés sur un autel paré de fleurs et de rubans ; là, toute la Société, les corps constitués et même une partie du peuple leur ont donné en signe de reconnaissance un baiser respectueux.

« Rentré dans le temple, le président a prononcé un discours analogue à la fête, avec cette énergie qui ne peut appartenir qu'à un républicain. Les services que Pelletier, Marat, Rousseau et Brutus ont rendu à la République y étaient retracés. Les applaudissements vifs des assistants en ont été le juste tribut. »

Ces quatre noms accolés, Rousseau, Marat, Brutus et Pelletier sont tout un poème. Rien de touchant comme ce baiser respectueux que les républicains déposent sur ce plâtre, de même qu'ils vénéraient jadis les ci-devant saints. Et, pour que rien ne fût changé, des citoyens font don, quelques jours après, de 17 livres de cire pour éclairer, disent-ils, les bustes des grands hommes. — Saint Marat, priez pour nous ! — Mais les plus belles choses ont le pire destin, et le club de Port-Pelletier ne dura guère. Avant de rentrer dans le silence, la Société retrouva toute sa vie et son animation pour flétrir les violences de la Terreur ; elle accueillit la nouvelle de la chute de Robespierre avec la plus grande joie ; les membres s'embrassaient et se félicitaient. Bientôt ils demandèrent « l'application du décret bienfaisant qui rend les détenus à la liberté, la justice voulant que toutes les parties de la République jouissent du même avantage. » Puis on se donna le plaisir de dénoncer les dénonciateurs, et d'effrayer ceux qui avaient fait trembler. L'agent national du district, Vastey « odieux par ses incarcérations arbitraires et ses procédés violents, est mis en accusation, et, pendant plus de quinze jours, la Société, décidant que Vastey est son seul ordre du jour, l'accable d'injures et lui reproche ses méfaits. Il a suspecté le patriotisme des habitants de Port-Pelletier, il a voulu emprisonner les Valericais, il a méprisé dans ses choix les vœux de la Société populaire. C'est un traître et un accapareur, il a dit qu'il avait du blé, mais qu'il aimait mieux le jeter au fumier que de le vendre. Il a voulu faire emprisonner deux vieillards de quatre-vingts ans, François Fauconnet et le Hot, parce qu'ils avaient été prêtres. Vastey est voué à l'exécration des races présentes et futures, ainsi que tous ceux qui étaient de son parti, Lheureux, par exemple, qu'on qualifie « d'agent de Vastey et de petite queue de Robespierre. » Ce féroce Vastey, que les Jacobins chargeaient ainsi de leurs haines plus ou moins légitimes, rendit la justice sous le gouvernement de Louis XVIII, et mourut entouré de la considération générale. Il avait refusé de servir la monarchie de l'émeute, sans doute par loyalisme et par conviction politique. Le 21 vendémiaire an III fut le plus beau jour de la Société. Un représentant du peuple, Sautereau, vint faire droit à ses demandes et délivra le district de la tyrannie de Vastey. « Déjà luit l'aurore du jour qui va faire disparaître la tyrannie ; que le crime rentre dans la fange de laquelle il n'eût jamais dû sortir. » On reçoit Sautereau comme le Messie, comme le libérateur tant désiré ; toute la ville lui témoigne sa joie et sa reconnaissance.

« Son arrivée est trop lente, chacun voudrait déjà le posséder, chacun le désire avec ardeur, et il faut rendre cette jouissance encore plus prochaine en se portant à sa rencontre. Un membre le propose... la Société l'arrête... On part... La joie est générale... On se dispute en moyens pour la manifester.

« Le maire, au nom du peuple réuni, lui présente
une branche et lui dit : « L'empressement de mes con-
citoyens à te voir prouve que tes vertus et ta justice
t'ont devancé dans nos murs. Reçois cette branche,
elle est le signe de notre attachement inviolable à la
Convention nationale, et celui de notre reconnaissance
pour tes bienfaits. »

« Des enfants lui offrent des bouquets, un d'eux porte
la parole et dit : « Tu as délivré nos pères de la tyrannie et de l'oppression, en devenant leur libérateur, tu
es devenu pour nous un second père. Accepte ce bouquet comme le premier gage de notre amour. »

« Sautereau reçoit avec sensibilité ces preuves non
équivoques d'attachement à la Convention nationale
données en sa personne par les habitants. Il en marque
avec bonté toute sa reconnaissance.

« La garnison et la garde nationale font la haie sur
son passage, leurs voix se mêlent à celles du peuple,
et Sautereau, entouré de ses enfants, arrive au lieu
des séances de la Société au milieu des hymnes patriotiques et des cris multipliés : Vive le destructeur des
tyrans, vive le vengeur des opprimés.

« Les sociétés populaires et les municipalités envi-
ronnantes sont introduites ; elles viennent partager
notre joie, mues par les mêmes sentiments.

« Le président prononce un discours où on remarque
les passages suivants:«Depuis longtemps nous gémis-
sions sous le poids d'un nouvel esclavage. La liberté,
pour laquelle, nous osons le dire, nous avons fait toute
espèce de sacrifice, n'était pour nous qu'un vain

fantôme. Chaque jour, chaque instant semblait nous annoncer notre dernière heure. Mais, citoyen, nous n'avons jamais perdu l'espoir de sortir de l'horrible oppression dans laquelle nous étions plongés, parce que sans cesse nous avons eu les yeux portés vers la Convention.

« L'Être suprême a enfin exaucé nos vœux.

« Le tyran n'est plus, la gloire de la loi en a fait justice. Ses complices ont pâli, et déjà ils ont subi comme lui la peine due à leurs forfaits. Il ne manquait plus à la Convention que de mettre la justice à l'ordre du jour ; elle l'a voulu, et tu nous l'as prouvé !!!

« Agrée en ce moment les témoignages de notre gratitude. Viens donc, représentant, au milieu de tes frères, jouir du plus beau spectacle, celui de voir une famille réunie par les mêmes sentiments. Vois le peuple de cette commune qu'on a si scandaleusement calomnié ; vois, c'est lui qui fournit à nos flottes les défenseurs de la patrie, c'est lui qui commande au sol le plus ingrat de lui fournir la matière destructrice des tyrans, c'est lui qui n'a cessé un seul instant de montrer le plus pur patriotisme, et qui n'a été outragé par quelques intrigants et des factieux, que parce qu'il a augmenté le nombre des ennemis de la République. »

« Il a terminé par l'accolade qu'il donne au nom de la Société au représentant qui la reçoit avec attendrissement ; il y répond de la manière la plus affectueuse.

« La joie est peinte sur tous les visages, une tendre émotion s'est emparée des cœurs. « Nous n'oublierons jamais tes bienfaits », s'est-on écrié de toutes parts. « Puissé-je, a repris le vertueux Sautereau, me précipiter dans vos bras ! Que je désirerais vous donner à tous les marques de la satisfaction que j'éprouve ! Veuillez donc recevoir l'accolade fraternelle en celle que je rends à votre président ! » Les applaudisse-ments, les cris, les chants d'allégresse ont terminé cette scène plus facile à sentir qu'à rendre. L'émotion dont s'était emparée l'âme de Sautereau se fait voir sur son visage : « Je ne vous oublierai jamais, habi-tants de Port-Pelletier ; votre souvenir sera toujours présent à ma mémoire. » (Montrant le bouquet et la branche de chêne) : « Je vous emporterai, dit-il, je vous conserverai avec moi, je garderai de vous jusqu'aux moindres restes ; en vous voyant, je me souviendrai que le jour où je vous reçus fut le plus beau de ma vie. »

Chaque parole, chaque mot fait passer dans l'âme des auditeurs l'attendrissement dont celle de Saute-reau était saisie. Aux paroles succède le sentiment ; on sent..., on reste muet..., les larmes coulent et les embrassements les plus fraternels mettent fin à cette scène touchante. Vive notre père ! vive notre ami ! tels ont été les adieux de la Société à Sautereau. Vive la République ! vive la Convention ! tels ont été les cris multipliés qui se sont prolongés jusqu'au départ de ce vertueux représentant. » Sous la Révolution, l'expres-sion des sentiments est outrée, comme le sont les sen-timents eux-mêmes ; néanmoins, on aperçoit à travers toute cette phraséologie un réel enthousiasme et une véritable satisfaction. Tout cela est sincère et con-vaincu, et prouve encore que les Jacobins avaient la foi.

Après cette séance, le club se disperse et l'on ne peut plus parvenir à réunir les membres ; ils se dispensent de venir, tantôt à cause du vent, tantôt à cause de leurs occupations. Ils avaient tout quitté pour se faire orateurs et se dévouer à la chose publique ; mais bientôt leurs affaires en souffrent et ils ne demandent plus qu'à retourner paisiblement à leur charrue. La Société diminue le nombre des séances, fait sonner la cloche à l'heure des réunions, mais personne ne vient, et l'on ne peut délibérer.

La dernière séance du club eut lieu le décadi 10 ventôse an III (28 février 1795). La petite comédie a un véritable dénouement, et le registre des Jacobins se ferme sur une page qui en est la conclusion : « La séance étant ouverte, un membre propose que les bustes de Marat et de Pelletier soient retirés du lieu des séances. La Société adopte à l'unanimité. Un autre membre dit que, en applaudissant à ce vœu, il demandait que le buste de Marat fût brisé en morceaux hors cette enceinte, puisque cet individu était l'horreur et l'effroi du genre humain : la motion vivement appuyée et applaudie par le peuple, la Société arrête que le buste de Marat sera brisé : en conséquence, le président ordonne au gardien de la salle que le buste de Marat soit à l'instant brisé à la porte de l'enceinte de la Société, et les morceaux jetés dans la boue. Ce qui est exécuté aux cris de : Vive la République une et indivisible ! Vive la Convention nationale ! »

PIÈCES JUSTIFICATIVES

I.

REQUÊTE DE LA NOBLESSE DE SAINT-VALERY
POUR L'ÉTABLISSEMENT DES PÉNITENTS

Supplie humblement la noblesse des environs de Saint-Vallery-en-Caux, Messire Adrian-Pierre, sire de Bréauté, chevalier, conseiller du roy et premier écuyer de la reine-mère du roy, dame Suzanne de Monceaux, sa femme, messire Adrien de Houdetot, chevalier, mestre de camp d'un régiment françois, Jean Toutain, sieur de Parensemare, lieutenant-général civil et criminel au baillage de Caux et siège de Cany, François Louvel, conseiller et secrétaire du roy, en sa chancellerie de Normandie, Jean d'Orival, seigneur du lieu, Charles de Clercy, sieur de Moyaux, Jacques de la Berquerie, Simon Diel, sieur de la Fosse.

Joignant leurs requestes et très humbles supplications à celles des bourgeois dudit Saint-Vallery, requérons humblement monseigneur l'illustrissime et révérendissime abbé de Fescamp, Monsieur son grand-vicaire, Messieurs de son conseil, et chapître dudit Fescamp, à ce qu'il leur soit permis d'avoir un couvent audit Saint-Vallery, des Pères pénitents du troisième ordre de Saint-François, tant pour d'iceux recevoir consolation spirituelle que pour l'administration du Sacrement de Pénitence, le tout à la gloire et à la consolation du païs, remonstrant qu'ils sont éloignés de pareil secours, estant ledit Saint-Vallery distant de six lieues de Dieppe et autant de Fescamp, et leur établissement ne pourra nuire, ains plutost augmentera la dévotion et charité que ladite noblesse porte aux autres religieux establis auxdits lieux de Dieppe et de Fécamp, le païs estant bastant de satisfaire au x

Bréauté, Suzanne de Monceaux, de Houdetot, Toutain, Louvel, d'Orival, Cuverville, de Clercy, d'Epineville, La Berquerie, Diel, avec leurs signes. — Cejourd'hui, 28 avril 1621.

II.

TESTAMENT DE NICOLAS VASSE

In nomine Domini. Amen.

Fut présent en personne maître, Nicolas Vasse, conseiller du roy et maire perpétuel de Saint-Vallery-en-Caux, infirme, mais toutefois sain d'esprit, mémoire et entendement, lequel, reconnaissant qu'il n'est rien de plus certain que la mort et rien de plus incértain que l'heure d'icelle, et ne désirant partir de ce monde sans avoir disposé du sy peu de bien qu'il a pleü à Dieu me donner, fais et ordonne mon testament et dernière volonté ainsi qu'il en suit :

Premièrement. — Je recommande mon âme à Dieu et à Jésus-Christ mon Rédempteur, au Saint-Esprit, à la sainte Vierge, à saint Michel-Archange, à saint Jean-Baptiste, à saints Pierre et Paul, à saint Léger, martyr, à saint Nicolas et saint Valery mes patrons, à mon ange gardien, à sainte Barbe, vierge et martyre, et à tous les saints et saintes du paradis que je supplie vouloir être intercesseurs envers Dieu pour la rémission de mes péchés, souhaitant qu'après mon décès mon corps soit inhumé en l'église des RR. PP. Pénitents en la chapelle de Saint-Nicolas mon patron, et qu'à mon intention pour la rémission de mes fautes, il soit dit et célébré une grand'messe dans la paroisse et autant de basses-messes qu'il s'en pourra trouver dans la paroisse, et qu'il soit donné à chacun des prêtres qui la célèbrent vingt sols.

Item. — Je prie Messieurs Follenfan et Messieurs les Fauconnet de me dire chacun une messe basse par semaine pendant l'année de mon décès auxquels je veux qu'il soit donné chacun trente livres une fois payées.

Item — Je donne à la chapelle de Notre-Dame-de-Bon-Port et à la chapelle de Saint-Léger chacune la somme de 50 livres pour participer aux prières.

Item. — Je donne aux RR. PP. Pénitents la somme de 300 livres à la charge de dire pendant l'année de mon décès une messe basse par jour, et de dire pendant les huit jours, à commencer le lendemain de mon décès, une nocturne des vigiles des trépassés.

Item. — Je donne à tous les pauvres qui se trouveront à mon inhumation à chacun quatre sols.

Item. — Je donne aux dames de la Charité de ma paroisse la somme de 200 livres pour ayder à nourrir les pauvres malades et pauvres honteux.

Item. — Je donne à Suzanne Breton, ma cousine, veuve du Seigneur, 20 livres une fois payées et à huit pauvres hommes chacun 10 livres.

Item — Je donne à Nicolas Fauconnet, mon petit neveu, la somme de 300 livres

Item. — Je donne à Jacques de Lastre, à Adam Gaudebout et Nicolas Chouquet, mes fermiers, chacun cent livres. Et je donne à Jean Angot et à François Burette, aussy mes fermiers, à chacun 50 livres affin qu'ils prient Dieu pour moy.

Item. — Je veux qu'il soit remis à Jean Boquet une année de la rente qu'il me doit, qui est de 39 livres.

Et pour exécuter et accomplir de point en point le contenu du présent mien testament, je choisis pour exécutrice Marguerite Fauconnet, ma femme, entre les mains de laquelle j'ay mis en dépôt toutes les sommes léguées cy-dessus Je prie aussi Messieurs Follenfan et François Fauconnet d'être aussy exécuteurs du présent testament, lesquels disposeront aussy du luminaire à leur volonté, et lesquels aussi je prie affectueusement d'accepter cette charge, ainsy qu'ils désireraient leur être fait en pareil cas. Je révoque tous autres testaments que je pourrais avoir fait cy-devant, voulant que celuy-cy seul ait son plein et entier effet, fait et passé par-devant moy Jacques Lefébure, curé de Saint-Vallery, en la maison dudit Nicolas Vasse, testateur, en présence de Jean Fanouillier, boulanger, et Michel Riquier, cordonnier, à ce appelés cejourd'hui dernier jour d'octobre 1698.

III.

CERTIFICAT DÉLIVRÉ A ANTOINE DUBOURG

Cejourd'hui, 19ᵉ jour d'avril mil sept cent quatre-vingt-treize, l'an deuxième de la République française, le Conseil général de la commune, en séance publique ; présents les citoyens Régimbaut, Rouge, Massif et Frebert, officiers municipaux, Rouge père, Gautier le jeune et Louis Rigault, notables, en la présence du citoyen Jourdain, procureur de la commune, assisté de Jean Aubert, secrétaire-greffier.

Sur la demande qui a été faite par le citoyen Antoine Dubourg, certifions que ledit citoyen, âgé de quarante-six ans, ci-devant frère-lai du couvent des Pénitents de cette ville, taille de cinq pieds cinq pouces, cheveux et sourcils châtains, yeux bleus, nez moyen, menton large, front décoavert, bouche moyenne, visage long, demeure actuellement en ladite ville, maison appartenant à la nation, et qu'il y réside et y a résidé depuis dix années, sans interruption jusqu'à ce jour.

En foi de quoi nous lui avons délivré le présent certificat, qui a été donné en présence du certifié et des huit connaissances, suivant l'affirmation qu'ils ont faite devant nous, lesquels citoyens ne sont parents, alliés, fermiers, domestiques, créanciers, débiteurs, ni agents dudit certifié. Et ont ensuite certifié et certifiants signé tant sur le présent, que sur l'extrait délivré. Jacques-Michel Follin, adjoint, Nicolas Ridel, cultivateur, Charles Dupont, Nicolas-Valery Burette, Charles Anquetil, François Prieur, Simon Dauthemare, Félix Michel, Alexandre Bidel, François Ochard.

IV.

LETTRES PATENTES DE LOUIS XIV AUX RELIGIEUX PÉNITENTS

Louis, par la grâce de Dieu, roi de France et de Navarre, à tous présents et advenir, salut. Nos chers et bien-aimés orateurs les supérieur et religieux pénitents du tiers-ordre de Saint-François de la Province (de Saint-Yves), en France, nous ont humblement exposé que dans l'année 1620, les sieurs curé ou habitants du bourg de Saint-Valery-en-Caux ayant désiré pour leur édification et consolation spirituelle l'établissement d'un couvent de religieux dudit ordre audit Saint-Valery, afin de participer à leurs prières et recevoir d'eux le sacrement de pénitence, ils auraient supplié le sieur Adrien, sire de Bréauté, chevalier de notre ordre, capitaine et gouverneur dudit lieu de Caux; la feue dame Françoise de Boucherolles, sa femme, et le feu sieur de Joux, son lieutenant, de les assister de leur consentement et de moyenner la permission nécessaire du saint abbé de Fescamp ou de son vicaire général pour faire le d établissement, en quoy les dicts sire et dame de Bréauté et sieur de Joux sestant volontiers accordés et ayant mesme promis de contribuer tout ce qu'ils y pourraient de leur part pour l'advancement de cet établissement lesdits habitants de Saint-Vallery auraient fait en sorte envers le sieur Adrian Pierre, sire de Bréauté, conseiller en notre conseil d'Etat privé, premier conseiller de la feue reyne, notre ayeulle, seigneur de Neville, Cailleville et autres lieux, et dame Suzanne de Monceaux, sa femme, et plusieurs autres des principaux de la noblesse voisine dudit Saint-Vallery, de joindre leur requeste à celle desdits habitants pour moyenner ledit establissement et obtenir la permission nécessaire du saint abbé de Fescamps sur l'exemption duquel ledit Saint-Vallery est situé, ensuite de quoy lesdits sieurs curés et habitants auraient prié les supérieurs dudit ordre de favoriser leurs pieux désirs et supplié le saint abbé de leur donner ladite permission , laquelle ils auraient promise verbalement, moyennant que ce futur couvent eust des rentes et revenus suffisants pour la nourriture et entretien des religieux qui y seraient mis et envoyés, pourquoy satisfaire et parvenir à l'establissement dudit couvent, ledit feu sieur Adrian Pierre, sieur de Bréauté, par contrat passé entre lui et le vicaire provincial dudit ordre par devant Thomas Gallot, notaire apostolique à Paris, le vingt-huit d'aoust 1671, aurait fait une donation entière, absolue et pour toujours auxdits exposants de certaine chappelle dite de Saint Georges de Clémencé avec tous les bastimens édifiés, terres, prez, jardins, héritages, avec rentes et autres appartenances et dépendances d'icelle, fondée et bastie dans le district de la paroisse et seigneurerie de Cailleville, diocèse de Rouen, proche le dit Saint-Vallery et audit sieur de Bréauté appartenant, et aussi de sa seigneurerie et patronage dudit Cailleville, à la charge de faire et acquitter le service divin deu par le chapellain de la dite chapelle et de faire prière pour lesdits sire et dame de Bréauté et leurs enfants et successeurs comme fondateurs en partie dudit futur couvent, en conséquence de laquelle donation faicte par ledit sire de Bréauté auxdits exposants, le sieur archevesque, notre cousin le duc de Guise, lors abbé de Fescamp, leur aurait accordé et donné leurs permissions en bonne forme en dabte du douze octobre, vingt-un et premier mai 1623, pour l'establissement dudit couvent, à la charge, comme dit est, qu'ils auraient rentes et revenus suffisants pour la nourriture et entretien des religieux d'iceluy couvent, lequel lesdits exposants auraient dès lors estably avec les solemnités ordinaires et accoutumées eu tel cas, et depuis basty l'église, chapelle, sacristie, cloistre, dortoir et autres logements réguliers d'iceluy couvent tels qu'ils sont à présent sur les places par eux acquises proche et joignant ledit bourg de Saint-Valery, le tout de leurs propres deniers et par les libéralités desdits sire et dame de Bréauté et du sieur marquis de Fontenay, conseiller en nos conseils, mareschal de nos camps et armées, et notre ambassadeur extraordinaire à Rome, aussi fondateur en partie dudit couvent, et parce que quelques années après la donation à eux faite de ladite chapelle et biens en dépendant par ledit sieur Adrian Pierre, sire de Bréauté, il serait décédé sans enfant, mesme que par ledit contrat de donation de ladite chapelle la jouissance du revenu d'icelle estait sursie jusques après la mort du sieur du Buquet qui déjà estait précédamment pourveu, et du sieur de Limermont qui en avait la survivance et que lesdits du Buquet de Limermont auraient remis la dite chapelle et tous les droits qu'ils en pouvaient prétendre entre les mains du sieur Adrian, sire de Bréauté, ou les héritiers dudit défunt. Iceluy, sieur Adrian, sire de Bréauté, son successeur, aurait par contrat passé entre luy et le père André de Graÿ, lors gardien dudit couvent, pardevant Crespin et Froment, tabellions royaux à Rouen, le vingt juillet 1628, ratifié et approuvé la susdite donation, consenty qu'elle sorte son plein et entier effet et mesme en tant que besoin serait, aurait de nouveau donné auxdits exposants de ladite chapelle de Clémencé avec toutes ses appartenances et dépendances sans aucune réservation ni exemption, aux charges et conditions portées par la susdite première donation, lequel dernier décret de ratification et donation de ladite chapelle aurait été publié et insinué aux assises du siège de Cany, le deuxième jour d'aoust en suivant et ratifié et approuvé par les supérieurs dudit ordre assemblés en leur chapitre le vingt-deuxième jour de may 1629, depuis lequel les religieux dudit couvent auraient toujours fait et continué leurs fonctions et exercices religieux et ecclésiastiques tant dedans que dehors iceluy couvent à l'édification et satisfaction d'un chacun, et jouy pleinement et paisiblement de ladite chapelle et biens en dépendant sans aucune autre charge que les susdites portées par lesdits contrats de donation. Mais d'autant que les supérieurs dudit ordre qui estaient lors en charge n'ont obtenu lettres du feu roy, notre très honoré seigneur et père d'heureuse mémoire, que Dieu absolve, pour l'establissement dudit couvent et l'aprobation et confirmation de la donation à eux faite de ladite chapelle et biens en dépendant et que à cause du défaut desdites lettres, les religieux dudit couvent pourraient estre inquiétés sur l'establissement dudit couvent et l'établissement de ladite chapelle et biens en dépendant, les exposants nous auraient très humblement supplié leur vouloir sur ce pourvoir de vos lettres et permission, approbation et confirmation en tel cas requises et nécessaires, à ces causes estant très bien informé des bonnes mœurs, vie, observance et discipline réguliers tant desdits exposants que des religieux de leur dit couvent estably à Saint-Vallery et des services qu'ils rendent journellement à Dieu, à son Eglise et au public, et des prières qu'ils font pour la conservation de notre personne et prospérité de notre Estat, tant au susdit couvent qu'en tous les autres de notre province et disant les traiter favorablement et leur donner d'autant plus subjet et moyen de continuer leur vie, services et prières, après avoir fait voir en notre conseil toutes les susdites pièces cy attachées, sous le contre-scel de notre chancellerie, de l'avis de la Reyne régente, notre très honorée dame et mère, de nôtre grande, spéciale et pleine puissance et authorité royalle, nous avons agréé, approuvé et confirmé, agréons, approuvons et confirmons l'establissement dudit couvent des exposants, ensemble la susdite donation à eux faite par lesdits sieurs de Bréauté, leurs fondateurs de ladite chapelle, avec les édifices, terres, prés, jardins, héritages avec rentes et aveu, appartenances et dépendances d'icelle chapelle, et par ces présentes signées de notre main, leur avons permis et octroyé, permettons et octroyons, d'avoir, tenir, posséder et garder ledit couvent, places et biens d'iceluy, ensemble la susdite chapelle de Saint-Georges de Clémencé, et tous les bâtiments édifiés, terres, prés, jardins, héritages, avec rentes, revenus, avec appartenances et dépendances d'icelle, lesquels en tant que besoin serait, nous avons uny et unissons à perpétuité audit ordre et couvent, pour les avoir, tenir et posséder, garder, et en faire jouir et user plainement et paisiblement par les religieux d'iceluy et leurs successeurs ores et à l'advenir à perpétuité, selon leurs instituts réguliers, comme ils ont toujours fait jusqu'à maintenant et sans autres charges que celles qui sont portées par lesdits contrats, et pour marques particulières de notre affection envers eux, Nous, de notre plus grande grâce, puissance et authorité royalle, avons par lesdites présentes avons les places et fonds sur lesquels sont battits et situés l'église, chapelle, cloistre, dortoir, cours, jardins et autres bâtiments et lieux réguliers dudit couvent, ensemble ceux de ladite chapelle, ses appartenances et dépendances amorties et amortissons sans que pour ce les religieux dudit ordre et couvent ny leurs successeurs à perpétuité soient tenus de payer aucunes finances à nous ny à nos successeurs, de laquelle finance en tant que besoin est ou serait, nous leur avons fait et faisons don et remise, à la charge de dire et célébrer un office et messe haute des morts pour le repos de l'âme dudit feu roy tous les ans à perpétuité à pareil jour qu'il est décédé, et de dire et de célébrer aussy à perpétuité tous les ans la principale messe du couvent les jours et festes de Saint-Louis et de Sainte-Anne avec l'*Exaudiat* et oraison propre à la fin, à notre intention et celle de la Reyne régente, notre très honorée dame et mère, et de nos successeurs. Cy donnons en mandement à nos amés et féaux conseillers les gens tenant notre cour de Parlement de Rouen, Chambre des Comptes, audit lieu et à tous autres nos justiciers et officiers qu'il appartiendra, ces présentes faire registrer et du contenu en icelles jouir et user les impétrants et leurs successeurs à perpétuité, faisant cesser tous troubles et empêchements généralement quelconques. Mandons en outre au premier notaire huissier ou sergeant sur ce requis faire pour l'exécution des présentes tous exploits requis et nécessaires, sans pour ce demander aucune permission, nonobstant clameur de haro, chartre normande, prise à partie et lettres à ce contraires, car tel est nostre plaisir, et afin que ce soit chose ferme et stable à toujours, nous avons faict mettre notre scel à ces dites présentes, sauf en autre chose notre droit, et l'autruy en touttes. Donné à Amyens au mois de juillet, l'an de grâce seize cent quarante-sept et de notre règne le cinquième. Signé : Louis, et sur le replis : Par le Roy, la Reine régente sa mère, puis Phylippeaux avec paraphe, et à costé visa et scellé intact de soye rouge et verte d'un grand sceau de cire verte.

V.

PARLEMENT DE NORMANDIE. — ARRÊT DU TRENTIÈME JOUR D'AOUST 1647.

Entre les habitants du bourg de Sainct-Vallery appellants de sentence rendue par le bailly de Caux ou son lieutenant au siège de Cany le treizième jour de may dernier et de tout ce qui s'est fait et ensuivy en conséquence et opposants à l'entérinement des lettres patentes obtenues au mois de juillet dernier par les religieux pénitents du tiers ordre de Saint-François pour leur establissement audit bourg de Saint-Valery et union de la chapelle Saint-Georges de Clémencé, située en la paroisse de Cailleville, à leur couvent, conformément au contrat de donation faicte auxdits religieux par les sires de Bréauté du XXXe aoust 1621 et aux contracts de ratification d'une part, et lesdits religieux pénitents du tiers ordre de Saint-François, internés, demandeurs en entérinement desdites lettres patentes et deffendeurs en ladite opposition, d'autre part.

Veu par la cour l'arrest d'icelle du jour du courant mois, par lequel aurait été ordonné aux parties mestre leurs pièces au greffe pour leur estre fait droict. Ladite sentence dont est appelée, par laquelle ayant égard au serment presté par le frère gardien, lesdits religieux auraient été déchargés de la poursuite faicte desdits habitants de Saint-Vallery, afin d'obliger iceux religieux de fournir la nourriture à Robert Lefebvre, lépreux, et à les rembourser des frais par eux faicts à faire construire une maison audit Lefebvre, ensemble à faire creuser le puits de ladite léproserie et à faire faire une closture de ladite chapelle de Saint-Georges de Clémencé et enjoinct auxdits habitants de fournir la nourriture audit lépreux et le faire séquestrer en autre lieu qu'en la maison de ladite chapelle, en sorte qu'il ne puisse infecter le public, permis auxdits habitants faire louer le bastiment par eux faict construire sur le fond de ladite chapelle, et se voir tenus d'en donner certificat au substitut du procureur général du roy dans six semaines.

Les parties, veu leurs qualités, renvoyées sans dépens, lesdits habitants condamnés au rapport taxé à douze livres, au payement de la somme de quatre livres taxées audit substitut et au coust de ladite sentence relief d'appel de ladite sentence obtenu par lesdits habitants et exploit d'iceluy des 15 et 20 may dernier, statuts et ordonnances de la confrairie érigée en la chapelle de Saint-Léger, édifiée en la parroisse de Sainct-Vallery approuvées le second jour de septembre 1542, adveu rendu à la sieurerie de Nédeville par Jean Maupas, administrateur des malades de Saincte-Marie-Magdelaine de Clémencé, d'une pièce de terre contenant acre et demie assise en la parroisse de Cailleville, hameau de Rédeville, reçeu aux pleds de la dite sieurie le seize juillet 1571 compte rendu en justice par Pierre Riou, ayant été élève administrateur du revenu de la chapelle et léproserie de Clémencé du 14 décembre 1611, certificat signé : Asselin du 23 avril 1614, par lequel ledit Asselin, comme chapelain de ladite léproserie de Clémencé, aurait attesté qu'il avait été payé par Nicolas Burel tenant à ferme partie des héritages dépendants de ladite chapelle la somme de neuf livres à Thomas Coruble, malade, pour six sémaines de sa pension, copie d'acte exercé audit siège de Cany le vingt-cinq juin 1624, par laquelle sur la poursuite des thrésoriers et paroissiens d'Ingouville, Me Jacques Lailler ayant le droit de recevoir le revenu de la léproserie de Clémencé, aurait été condamné à faire construire une maison en ladite léproserie pour y rendre Marguerite Carrey, attestation de Me Robert Barasin, médecin, Pierre Fauconnier et Pierre Rogier, chirurgiens de la maladie de lèpre dudit Robert Lefebvre du 14 décembre 1646, au pied de laquelle est un mandat du grand-vicaire de Fescamp aux gardien et religieux du tiers ordre de Sainct-Vallery d'administrer audit Lefebvre toutes choses nécessaires au 16 du même mois ; acte de délibération des habitants dudict bourg de Saint-Vallery, que ledit Lefebvre fût séparé du commun et les supérieurs ecclésiastiques suppliés de le faire conduire à la maison qui avait été bastie près la chapelle de Saint-Georges, lieu ordinaire et destiné pour ceux qui se trouvaient entachés de lèpre, trois missives soubscrites de Fontainebleau du huict janvier dernier, adressées au sieur de Toumières, prêtre, et attestation de Thomas Ridel-de Reuteville du 18 janvier dernier, que du vivant dudit Lailler, administrateur de la chapelle de Clémencé, il avait reçeu de luy par chacun ou quatre-vingt-quatre livres qu'il aurait payées à Jean

Daussy pour lors infecté de lèpre, provisions obtenues de messire Adrian, sire de Bréauté, sieur de Cailleville, par Jacques Lailler, sieur du Bucquet, pour estre administrateur du revenu temporel de la chapelle de Saint-Georges de Clémencé du 6 octobre 1616, avec présentation faicte audit gouvernement et administration par dame Suzanne de Montchidames, douairière de la maison de Bréauté, le 25 mai 1610, de la personne d'Alexandre Lefebvre, sieur de Saint-Amand, sentence rendue audit siège de Cany le onze octobre au dit an, arrest du conseil privé du roi rattaché d'iceluy du premier juillet 1611, avec présentation faicte par ledit Adrian, sire de Bréauté, de la personne de M. Jean (Serrastier ?), prêtre, du 20 août 1578, collationné, obtenu de ladite chapelle par Me Matré de la Mare, prêtre, curé de Cailleville, du grand-vicaire de l'archevesque de Rouen, du 6 juin 1576. Contrat du 28 aoust 1621 de donation faicte de ladite chapelle de Clémencé par messire Adrian Pierre, sire de Bréauté, auxdits religieux du tiers ordre de Saint-François aux conditions y portées, lettres de permission de messire Henry de Loraine, abbé de Fescamp du 5 mai 1623 auxdits religieux d'establir un couvent aux faulxbourg de Saint-Valery, pareille permission du sieur archevêque de Rouen obtenue par lesdits religieux du douzième jour d'octobre mil six cent vingt-et-un, contrat du quatorzième jour de juillet mil six cent quatre-vingt-trois, de donation faite par Adrian Pierre, sire de Bréauté, sieur de Calleville et autres lieux, et dame Suzanne de Monceaux, sa femme, dûment autorisée par justice à poursuivre ses droits auxdits religieux pénitents du tiers ordre de Sainct-François, stipulés par frère Félix de Champaigne, supérieur des religieux du dit ordre, d'une pièce de terre en masure contenant acre et demie ou environ située audit bourg de Saint-Vallery aux conditions y portées, ledit contrat leu aux pieds de Cany le 24 du mois de juillet avec contrat du 26 juillet, de ratification faicte par messire Adrian, sire de Bréauté, de la donation faicte par luy Adrian Pierre de Bréauté auxdits religieux penitents de ladite chapelle de Saint-Georges de Clémencé avec ses circonstances et dépendances par ledit contrat leu aux assises de Cany le 12 aoust 1628, lettres patentes de Sa Majesté obtenues par lesdits religieux pénitents données à Amiens au mois de juillet au présent, contenant approbation de leur establissement audit bourg de Saint-Vallery, maintenue d'iceux en la possession de ladite chapelle et ses dépendances et union d'icelle à perpétuité audit ordre et couvent, extrait d'un registre vulgairement appelé *polarium adonis Rigaudi archiepiscopi*, collationné Le Prévost le dix may dernier faisant mention de ladite léproserie, conclusions du procureur général du Roy.

Et tout ce qui a été mis aussi par devant ladicte cour, tout considéré.

La cour, sur l'appel et opposition, a envoyé et envoye les parties hors de procès, à ce moyen ordonne que lesdites lettres patentes du mois de juillet dernier seront registrées es registre de ladite cour, pour jouir par les impétrants de l'effet d'icelles sans despens entre les parties, paieront néanmoins lesdits appélants le rapport et coust du présent arrest.

Signé : POERRIER et LABEY.

VI.

ARREST DU CONSEIL D'ÉTAT DU ROY.
DU 6 AOUT 1700

Veu au conseil du roy, l'arrest rendu en icelui le huitième may 1699, sur la requête y incérée, présentée par les provincial, gardien et religieux du tiers ordre de Saint-François de la Province et de Saint-Yves du couvent établi à Saint-Vallery-en-Caux, diocèse de Rouen, tendante à ce qu'il plût à Sa Majesté, attendu qu'il s'agit de l'exécution d'un arrêt du conseil, ordonner, que les arrêts du Parlement de Rouen du trente aoust 1647, et du conseil d'Etat du 9 juin 1693 seront exécutez suivant leur forme et teneur, et en conséquence décharger le nommé de Castres, leur fermier, dont ils prennent le fait et cause, de l'assignation à luy donnée, devant le sieur intendant de Rouen le 29 septembre 1698, à la requête des conseillers et échevins de la ville de Dieppe, administrateurs de l'hôpital général de ladite ville, avec main-levée de la saisie faite entre les mains dudit de Castres : par lequel arrêt Sa Majesté a ordonné que la requête desdits religieux serait communiquée auxdits administrateurs, et cependant, par provision, a fait main levée auxdits religieux de la saisie réelle faite entre les mains dudit de Castres et autres fermiers desdits religieux, entre les mains desquels lesdits administrateurs auraient pu ou pourraient faire cy-après saisie, à la caution du temporel de leur maison. Sommation desdits religieux auxdits administrateurs de répondre à ladite requête. Requête desdits administrateurs de l'hôpital de Dieppe signifiée le 30 janvier dernier tendante, à ce que sans s'arrêter à la requête desdits religieux, ny à l'arrêt qu'ils peuvent avoir obtenu, portant permission de rentrer en la possession et jouissance de la chapelle Saint-Georges de Clémencé et biens en dépendans, il plût à Sa Majesté ordonner que ladite chapelle et lesdits biens

demeureront réunis audit hôpital de Dieppe, pour servir à la subsistance et entretien des pauvres lépreux de Saint-Vallery, qui sont actuellement dans ledit hôpital, et condamner lesdits religieux aux dépens, ladite requête signée : Le Vasseur, leur avocat, avec sommation du même jour d'y fournir réponse. Requête desdits religieux signifiée le 22 mars dernier, tendante à ce que, sans avoir égard à la requête desdits administrateurs du 30 janvier de la présente année, il plût à Sa Majesté les en déboute, et ordonner que les lettres-patentes et arrêts du conseil et du parlement des 30 août 1647, 9 juin 1693 et 8 mai 1699, seront exécutés avec deffenses aux administrateurs et tous autres de troubler lesdits religieux dans la possession et jouissance des revenus de ladite chapelle de Saint-Georges de Clémencé, donnée et unie audit couvent de Saint-Vallery pour son premier établissement, aux charges portées par les contrats de donation et lettres patentes et approbatives d'icelles. Et en conséquence, que main levée pure et simple sera faite auxdits religieux des saisies faites entre les mains de leurs fermiers, à la requête desdits administrateurs, avec dépens, sommation de répondre signifiée le même jour 22 mars dernier. Requête desdits administrateurs signiffiée le 18 may suivant de la présente année, de contredits à la requête et pièces desdits religieux, signifiée ledit jour 22 mars précédent tendante à ce que faisant droit sur lesdites requêtes, les conclusions desdits administrateurs leur fussent adjugées en tout cas, ordonnant que l'article 13 de la déclaration du 24 août 1693 sera exécuté, et suivant iceluy lesdits religieux tenus de fournir à l'entretien et à la subsistance des pauvres lépreux de Saint-Valery, si mieux ils n'aiment abandonner lesdits biens au profit dudit hôpital, qui se chargera d'en acquitter les charges et de faire faire le service divin, et en cas de contestation, iceux religieux condamnez aux dépens. Requête des religieux du 21 juillet en réponse à celle des administrateurs. . . . .
. . . .

Contrat du 21 août 1621, passé entre le sieur Pierre Adrian de Bréauté, et le P. Vincent de Paris, vicaire provincial de la province desdits religieux, par lequel ledit sieur de Bréauté leur donne la chapelle de Saint-Georges de Clémencé, bâtiments et héritages en dépendant, sis en la paroisse de Cailleville, doyenné de Cauville et archevêché de Rouen, comme étant du patronage dudit sire de Bréauté, à cause de sa justice de Cailleville ; à condition par lesdits religieux d'acquitter les charges de ladite chapelle après le décès du sieur de Lymercour, auquel ledit sieur de Bréauté l'avait affectée et réservée lorsqu'elle serait vacante par le sieur Buquet qui en était alors pourvu. — Contrat passé

le 26 juillet 1628, par lequel le sieur Adrian de Bréauté, héritier bénéficiaire du sieur Pierre Adrian de Bréauté, a ratifié ladite donation auxdits religieux, pour en jouir du jour de ladite ratification, attendu que
ledit Buquet lors pourvu d'icelle l'avait remise ès mains dudit sieur de
Bréauté, et que ledit sieur Lymercourt avait renoncé à échoir par le
décès dudit Buquet. — Requête présentée à Sa Majesté, tant par les
sieurs de Bréauté que par les curés et paroissiens de Saint-Valery et les
habitants des paroisses voisines, afin de permission auxdits religieux de
s'établir audit Saint-Valery, pour y construire un couvent avec la fondation de cinq cents livres de rentes que produit actuellement ladite
chapelle. Lettres-patentes du roi du mois de juillet 1647. — Arrêt du
Parlement de Rouen du 30 août 1647, rendu entre les habitants de Saint-
Valery appelans d'une sentence du bailly de Caux qui déchargeait lesdits religieux de la demande à eux faite par lesdits habitants de fournir à Robert Le Fèvre, lépreux, et le remboursement d'une maison
qu'ils lui avaient fait bâtir, et opposants à l'entérinement desdites
lettres-patentes. Par lequel arrêst, le Parlement ordonne que lesdites
lettres seront registrées. — Déclaration de S. M. du 15 avril 1693 par
laquelle appert que l'intention de S. M. n'a point été de priver les
fondateurs des maladreries de leurs droits. — Autre déclaration du
24 août dudit an 1693, par laquelle S. M n'entend préjudicier aux
unions qui pourraient être faites des hôpitaux et autres lieux semblables
à des communautés ecclésiastiques pour servir à leur premier établissement et les décharge de contribuer à la subsistance des pauvres lépreux,
si elles ont été par les actes de fondation et premier établissement
déchargées expressément de cette obligation du consentement des fondateurs et habitants des villes et lieux. — Extraits des baux faits le
20 novembre de la même année 1593 des terres dépendantes de ladite
chapelle, moyennant 514 livres par an — Requête présentée au sieur
de la Bourdonnaye, intendant de Rouen, par lesdits administrateurs
afin d'union audit hôpital de Dieppe de la maladrerie et léproserie de
Saint-Georges de Clémencé, et à cette fin permission de faire assigner
pardevant luy les détenteurs de ladite léproserie, au bas de laquelle
requête est ladite permission d'assigner. — Certificat du curé de la
paroisse de Neuville du 17 avril dernier, qu'il a été envoyé par lesdits
administrateurs deux lépreux dans une maison située dans sa paroisse
pour y être nourris, entretenus, pensez et médicamentez aux frais dudit
hôpital. — Autre certificat du 19 dudit mois, du chapellain dudit hôpital,
que trois lépreux, deux filles et un garçon de Saint-Vallery, ont été
envoyés par ordre de M. le chancelier et celuy du sieur archevêque de

Rouen, de l'hôpital de Saint-Hérem pour être admis en celuy de Dieppe, et que lesdits administrateurs les ont envoyez dans une maison sise en la paroisse de Neuville, où ils sont entretenus aux dépens dudit hôpital de Dieppe. — Et autres pièces.

Le Roy en son conseil a maintenu et gardé les religieux pénitents du tiers ordre de Saint-François, établis au bourg de Saint-Vallery, en la possession et jouissance de la chapelle et léproserie de Saint-Georges de Clémencé, biens et revenus en dépendans. Et ayant égard à la requête des administrateurs de l'hôpital général de Dieppe, a ordonné et ordonne que l'article XIII de la déclaration de S. M. dù 24 août 1693 sera exécutée. et au désir d'iceluy lesdits religieux pénitents du couvent de Saint-Vallery seront tenus de payer par chacun an, à commencer du 29 septembre 1698, jour de la saisie, le quart des revenus de ladite chapelle, exempt de toutes charges, aux administrateurs de l'hôpital de la ville de Dieppe, pour être ladite somme employée à la nourriture et entretien des pauvres malades dudit hôpital, auquel hôpital général de la ville dè Dieppe S. M. a uni et unit à perpétuité, comme dudit hôpital, le quart du revenu de ladite chapelle ou léproserie de Saint-Georges de Clémencé, payable par chacun an par lesdits religieux pénitents de Saint-Vallery, à la charge par les administrateurs de l'hôpital de recevoir dans ledit hôpital de Dieppe les pauvres malades des paroisses de Cailleville, Neiville et Saint-Vallery, à proportion du quart de revenu de ladite chapelle.

VII.

LISTE DES MEMBRES DU CLUB DES JACOBINS

1 Dumouchel.
2 Adrien Lheureux.
3 Alexandre Bidel.
4 Philippe Angot fils.
5 Thomas Cotelle.
6 Jacques Angot aîné.
7 Laurent Hanot.
8 Etienne Pouchet.
9 Frébert.
10 Clément Bocquet.
11 Charles Anquetil.
12 Le Blanc.
13 Panet.
14 Philippe Cotelle.
15 Louis Angot.
16 Justin.
17 Sénateur Angot.
18 Pierre Angot fils.
19 Augustin Grenier.
20 Avisse.
21 Mouchel père.
22 Bidel, menuisier.
23 Augustin Duval.
24 Léchaudée.
25 François Grenier fils.
26 Morel.
27 Gautier l'aîné.
28 Delabarre, receveur d'enregistrement.
29 Petit, contrôleur des douanes.
30 Gautier, maire.
31 Patey fils.
32 Bacon.
33 Victor Rigoult.
34 Frédéric Follin.
35 Bénéville.
36 Périot, dit Djjon.
37 Le Sage.
38 Charles Guilbert.
39 Picard.
40 Le Pileur.
41 Maillard.
42 Vibillot.
43 Goupil, président du comité d'Ingouville.
44 Baptiste Onguet.
45 Vulfrain Hanot.
46 Burel, huissier.
47 Grenier, tailleur.
48 Lecœur, aubergiste.
49 Massif du Tot.
50 Pariot.

51 MASERIER.
52 CHAUVIN, capitaine de navire.
53 Simon BÉNÉVILLE.
54 Charles ALLEAUME.
55 Augustin MAUPAS.
56 AUBERT.
57 Frédéric DUPUIS.
58 PRÉVOST-CAVALIER.
59 CANARD Auguste.
60 BELLANGER fils.
61 MOUCHEL fils aîné
62 GUILBERT aîné.
63 HALLOT.
64 Victor DUVAL.
65 J.-B. ANQUETIL.
66 Pierre CANARD.
67 COURTIER.
68 Victor GOUCHET.
69 DORÉ.
70 Zacharie EDOU.
71 Michel PÉHAN.
72 Louis BELLANGER.
73 Benoît MARTIN.
74 Jean-Tranquille ANGOT.
75 LACAILLE.
76 BLONDEL D'ETENNEMARE.
77 Jean DAVID.
78 Léonard DELAPORTE.
79 Mathurin PARQUIER.
80 Jacques MARCADÉ.
81 Léon HALLOT.
82 ANQUETIL fils.
83 Jean FOLLIN père.
84 Jean-Baptiste FAUCONNET.
85 THINON.
86 J.-B. AUGER.
87 Jacques MICHEL.
88 Pierre BARRÉ.
89 Charles ALLEAUME fils.
90 LECŒUR. apothicaire.

91 François MALHERBE.
92 Charles ROULAND.
93 Simon BEAUDÈRE.
94 Jacques ANGOT, lieutenant de vaisseau.
95 Louis LAROSE.
96 Gaspard MESUREUR.
97 Simon LADIRÉ
98 Victor DUPUIS.
99 Jean MAZERIER, architecte.
100 DUPUIS fils aîné.
101 J.-B. ANGOT.
102 Philippe RIGOULT.
103 Jean FOLLIN, fils aîné.
104 Nicolas ANQUETIL fils, lieutenant de canonniers.
105 Nicolas LE MARCHAND, matelot.
106 Nicolas DORIVAL père.
107 Romain GAZÉ.
108 Nicolas BEAUCOURT.
109 Honoré BUREL fils.
110 COLOMBEL, serrurier.
111 VALLERY-BUREL fils.
112 Sylvain GRANDSIRE père.
113 François ANQUETIN, pilote.
114 Félix ANQUETIL, menuisier.
115 Jacques PETIT - SEIGNEUR l'aîné.
116 Jacques MOI fils.
117 GRINDEL l'aîné.
118 J.-B. DÉJEUNE.
119 Ch. DELABARRE.
120 Sénateur MOUCHEL.
121 Modeste MASERIER.
122 Pierre CARON père.
123 Aug. LE FRANÇOIS.
124 PIERRE, cordonnier.
125 PIERRE Barthélemy.
126 Adrien ANFRIE, capitaine.

127 Riquier, entrepreneur.
128 François Maserier.
129 Nicolas Auger.
130 Louis Rigoult.
131 Louis Anquetil.
132 Baptiste Loquet.
133 Ch. Grandsire fils
134 François Deslieux.
135 Alexandre Barthélemy.
136 Jean Anthor.
137 Jean Duval.
138 Lehot fils.
139 Noël Dupré.
140 Aubion.
141 François Deschamps
142 Th. Panet.
143 Pierre Maupas.
144 François La Motte.
145 Barré.
146 Jacques Anquetil.
147 J.-B. Joli.
148 François Grenier père.
149 Nicolas Rigoult.
150 J. B. Dubuc.
151 P. Hanot.
152 Sylvain Ladiré.
153 Trinquet.
154 Méraux.
155 Augustin Maupas.
156 Jean Paumier.
157 Féron, père.
158 François Maupas.
159 Augustin Gouyer.
160 Louis Regnier.
161 Antoine Hersent.
162 Auguste Caron fils.
163 Vasseur.
164 Jean Billard.
165 Nicolas Choquet.
166 Basille.

167 Jacques Follin fils.
168 Nicolas Quai.
169 François Haudu.
170 Barnabé Maubas.
171 Armand Péqui fils.
172 Joseph Duchemin, boulanger
173 Germain Lecerf.
174 Lalande.
175 Jourdain.
176 François Pisset, cordier.
177 Ph. David, gendre.
178 Ch. Beaucourt, fils puîné.
179 Augustin David.
180 Mathieu Millet.
181 Louis Sénécal.
182 Adrien Le Seigneur.
183 Jacques La Caille.
184 Jacques Le Tellier.
185 Augustin Angot.
186 Jean Anthor.
187 Jean-Adrien Maupas fils.
188 Charles Duflos.
189 Charles Hédouin.
190 Jacques Goutet.
191 Charles Grandsire.
192 Philippe Angot, chandelier.
193 François Mathieu, cordier.
194 Louis Vasse, capit. de navire.
195 Adrien Patey père.
196 Jean Bouic fils.
197 Pierre Jouane.
198 Abr. Le Seigneur fils.
199 Jean Massif fils.
200 Nicolas Marchand.
201 Nicolas Dorival.
202 Thomas Colombel.
203 Jean Mauval.
204 Clément-Nicolas Boquet, enseigne de vaisseau.
205 François Deslieux, marin.

206 J.-Louis Maupas fils.
207 Dufloc, aubergiste.
208 Charles Hédouin.
209 Placide Mayau.
210 Joutet, cabaretier.
211 Grandsire père.
212 J.-B. Angot, gendre Maupas.
213 Michel Olivier, capitaine de navire.
214 Joseph Dujardin.
215 Baptiste Féret.
216 Louis Vasse.

217 Adrien Patey père.
218 Lefèvre, capit. de canonniers.
219 J.-B. Bouic fils.
220 Pierre Angot père.
221 Nicolas-Victor Frébert.
222 Charles Fauconnet
223 Pierre Massif père.
224 Jean Billard, maître de bâteau.
225 Jacques Lacaille, marin.
226 Jean Picot, marin.
227 Jacques Petit-Seigneur, id.